Dunkelberg/Linke · Aktzeichnen

Dr.-Ing. Klaus Dunkelberg †
Prof. Dipl.-Ing. Ulf Linke

Aktzeichnen

Übungen und Ziele

3. Auflage

AUGUSTUS VERLAG AUGSBURG

CIP-Titelaufnahme der Deutschen Bibliothek

Dunkelberg, Klaus:
Aktzeichnen: Übungen und Ziele / Klaus Dunkelberg.
Ulf Linke. – 3. Aufl. – Augsburg: Augustus-Verl., 1990
ISBN 3-8043-0119-3

NE: Linke, Ulf [Bearb.]

Das Buch erschien ursprünglich in der Bauverlag GmbH,
Wiesbaden und Berlin

AUGUSTUS VERLAG AUGSBURG 1991

Gesamtherstellung: Appl, Wemding
Printed in Germany
ISBN 3-8043-0119-3

Vorwort

zur 2. Auflage

Nachdem Klaus Dunkelberg leider viel zu früh verstorben ist, wurde das Buch so behutsam wie möglich für die zweite Auflage überarbeitet. Neu strukturiert wurde der Abschnitt über die Zeichenelemente, wobei auf eine stärkere thematische Bezogenheit der Bildbeispiele Wert gelegt wurde. Die Zeichenübungen zum Thema Kopf und Haare wurden in engeren Zusammenhang zu den Kopfstudien gerückt. In der Beispielsammlung der unterschiedlichen Zeichengeräte und Einzelstudien wurden einige Arbeiten ausgetauscht oder ergänzt.

Die prinzipielle Konzeption der 1. Auflage, deren Erfolg für sich spricht, wurde belassen in der Überzeugung, daß auch diese 2. Auflage dem Leser einen hilfreichen Leitfaden für einen erfolgreichen Einstieg in das Aktzeichnen bieten kann.

Ulf Linke

zur 1. Auflage

Das Buch „Aktzeichnen" befaßt sich schwerpunktmäßig mit dem Akt und stellt allgemein über Körper, Figuren, Gestalten den Zusammenhang zum Freihandzeichnen her. Es vermittelt in knappen, überschaubaren Abschnitten pragmatisch die erforderliche Zeichentechnik mit vielen erleichternden Hilfsmitteln und so weit wie nötig, die theoretische Hintergrundinformation über die Anatomie des menschlichen Körpers.

Das Konzept ist fundamental auf diejenigen Zeichner abgestimmt, die mit dem Aktzeichnen beginnen wollen und gerade für die ersten Lernschritte eine unterstützende Anleitung brauchen, um von Anfang an Fehler zu vermeiden, die rasch entmutigen und später die Freude am Zeichnen nehmen. Alte Fehler im nachhinein zu korrigieren ist bekanntlich viel mühsamer, als etwas Neues von vorneherein richtig zu erlernen.

Der Verfasser versucht mit diesem Buch dem Zeichner alle Scheu vor dem Personen- und Aktzeichnen zu nehmen und ihm ein Übungsprogramm zu geben, mit dem er in der Lage ist, sich auch im Selbststudium die Fähigkeiten des Aktzeichnens zu erwerben.

Die abgebildeten Zeichenbeispiele sind als Reproduktionen der Originale verkleinert wiedergegeben. Sie sollten den Zeichner nicht verleiten, in diesen Maßstäben zu üben. Bewährt haben sich die Blattgrößen von DIN A 3 bis DIN A 2. Die anfängliche Überwindung so "großzügig" Figuren zu zeichnen wird schnell zum Vorteil. Das entfernte Objekt und seine Abbildung sind sich im Bildmaßstab ähnlicher, Auge und Zeichenhand können es im Wechsel leichter erfassen, und die Korrekturmöglichkeit einer großzügigen Linienfolge ist wesentlich günstiger als bei einer gedrängten Häufung von Strichen im Format einer Briefmarke.

Das ist nicht als bevormundende Reglementierung zu verstehen, sondern will ein gutgemeinter Ratschlag sein, wie jeder Hinweis in diesem Buch. Im Verlauf der Übung wird der Lernende von selbst zu seinem ganz persönlichen Zeichenstil finden, mit seiner Handschrift und mit seinem Zeichengerät.

Klaus Dunkelberg

Quellenangaben

Grundlage für dieses Buch bilden die Unterrichtsergebnisse des Übungsfaches Aktzeichnen an der TU München, die von den Verfassern K. Dunkelberg und U. Linke in kollegialer Zusammenarbeit mit Herrn Dipl.-Ing. Per Krusche erarbeitet wurden.

Ergänzt wurden die Bildbeispiele durch Studentenarbeiten zu Grundelementen des Freihandzeichnens, die im Rahmen der Unterrichtsveranstaltungen von U. Linke an den Hochschulen Technische Universität München, Beaux Arts Paris und Fachhochschule Aachen von Studenten gefertigt und als Dias gesammelt wurden.

Die Namen der Studierenden lassen sich nur in Einzelfällen rekonstruieren, da es sich um einen Zeitraum von mehr als 10 Jahren handelt. Der überwiegende Teil der Studienarbeiten und Texte wurde bereits in folgenden Unterrichtsskripten publiziert:

Lernschritte zum Zeichnen, U. Linke, TU München 1973
Grundelemente des Zeichnens, U. Linke, TU München 1975
De l'usage des differentes methodes graphiques, U. Linke, Beaux Arts Paris, 1976
Aktzeichnen für Architekten, K. Dunkelberg, TU München 1976
Freihandzeichnen für Architekten, U. Linke, FH Aachen 1979

Inhalt

Warum Zeichnen, warum Aktzeichnen?

Haben die grafisch-technischen Geräte nicht längst die mühsame Handarbeit verdrängt?

Die Technik kann in vielen Bereichen unseren Lebensablauf mit Hilfsmitteln erleichtern. Sie kann aber geistige und kreative Prozesse im Menschen nicht ersetzen. Es existiert heute noch kein fotografisches Instrument, das ein Objekt registrieren, analysieren und auch noch über den Weg individueller Empfindungen interpretieren könnte.

Und hier noch einige Antworten auf das Warum:

"Ein visuelles Bild zu erfassen, beinhaltet die Teilnahme des Betrachters an einem Aufbauprozeß. Die Erfahrung eines Wahrnehmungsbildes ist somit ein schöpferischer Akt der Integration. Sein wesentliches Merkmal besteht darin, daß das bildnerische Vermögen die Erfahrung zu einem organischen Ganzen formt.

Die visuelle Sprache vermag Wissen wirksamer zu verbreiten als jedes andere Kommunikationsmittel. Mit ihr kann der Mensch seine Erfahrungen in gegenständlicher Form ausdrücken und weitergeben. Visuelle Kommunikation ist universal und international." (Gyorgy Kepes)

"Der Zeichenunterricht im Bauhaus ist eine Erziehung zum Beobachten, exakten Sehen und exakter Darstellung nicht der äußeren Erscheinung eines Gegenstandes, sondern der konstruktiven Elemente, ihrer gesetzmäßigen Kräfte = Spannungen, die in gegebenen Gegenständen zu entdecken sind, und des gesetzmäßigen Aufbaus derselben – Erziehung zur klaren Beobachtung und klaren Wiedergabe der Zusammenhänge, wobei Flächenerscheinungen eine Einführungsstufe zum Räumlichen sind." (W. Kandinsky)

"Im Maler gibt es zwei Dinge: das Auge und das Gehirn. Beide müssen sich gegenseitig helfen; man muß an ihrer beiderseitigen Ausbildung arbeiten, aber als Maler: am Auge durch das Studium vor der Natur, am Gehirn durch die Logik der geordneten Eindrücke. Sie schafft die Ausdrucksmittel ... Kontraste und Beziehungen der Töne und Tonwerte sind das ganze Geheimnis der Zeichnung." (Paul Cézanne)

"Darstellung bezeichnet das Stadium einer Vermittlung. Vermittlung zwischen Idee und Realisation ... Ausgehend vom einfachen Vermittlungsvorgang besitzt die Darstellung Entscheidungsfunktionen: Ideen können nur durch Formulierung und Formalisierung mit Hilfe einer Methode (d.h. über ein Medium) zugänglich gemacht werden." (C. Pichler)

"Gehen Sie den natürlichen Schöpfungswegen, dem Werden, den Funktionen der Formen nach. Das ist die beste Schule. Vielleicht werden Sie von der Natur aus zu eigenen Gestaltungen kommen und eines Tages selber Natur sein, bilden wie die Natur.

Wie der Mensch, so hat auch das Bild Skelett, Muskeln und Haut. Man kann von einer besonderen Anatomie des Bildes sprechen." (Paul Klee)

Wer sind eigentlich die Freunde des Akzeichnens? Sie lassen sich leicht in zwei Gruppen teilen. Die einen treibt die reine Freude am Zeichnen dazu; sie möchten ihr Hobby vertiefen und erweitern. Die anderen befassen sich meist auch beruflich mit dem Körper des Menschen: Modeschüler, Grafiker, Designer oder Architekturstudenten zum Beispiel, um nur die nächstliegenden zu nennen.

Vom Zeichnen und Gestalten

Form und Gestalt

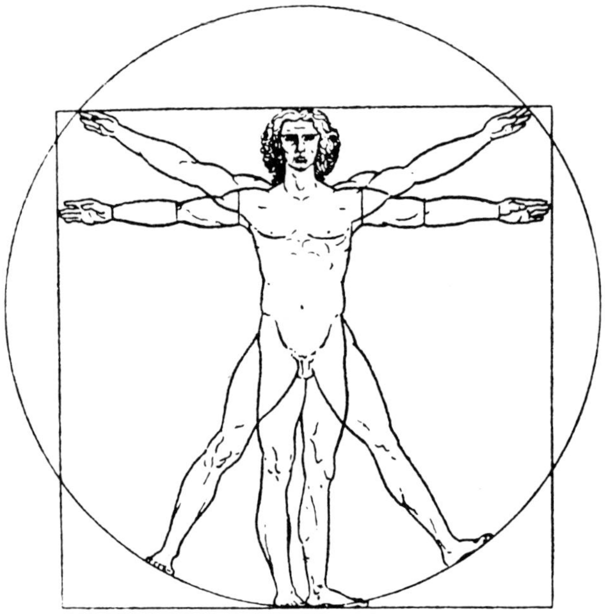

Kanon von Leonardo da Vinci

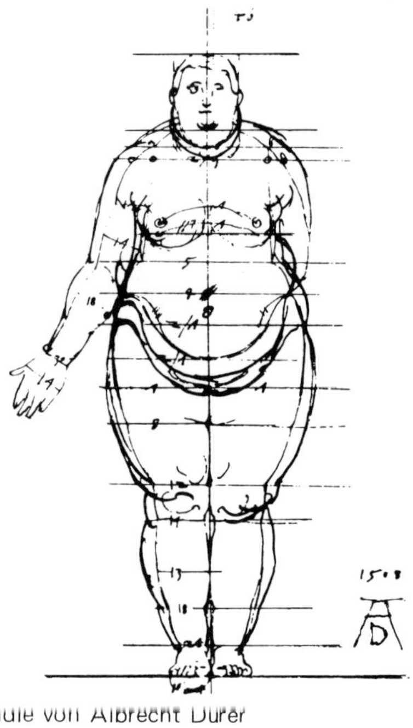

Proportionsstudie von Albrecht Dürer

Das Aktmodell ist ein ideales Übungsobjekt für die "Höhere Schule" des Sehens und des Zeichnens. Kein anderes Objekt kann so viele Erfahrungswerte über Proportionen, Dimensionen und Formharmonien und ihre wechselseitige Abhängigkeit vermitteln.

Wie ein Musikschüler erst ein Minimum an Harmonielehre und Kenntnisse über sein Instrument benötigt, um dann auch alleine Gehörschulung, Fingertechnik usw. üben zu können, so will diese kleine Zeichenschule ebenfalls nur die elementaren Zeichenhilfsmittel wie auch Anregung zu Übungen geben, damit der Lernende im Selbststudium schon bald zu Erfolgserlebnissen kommt, die ja nötig sind, um ihn bei den teils mühsamen Übungsschritten zu beflügeln und ihn durchhalten zu lassen.

Form und Gestalt am Beispiel der menschlichen Figur.

Form – das natürlich Gewachsene oder zweckbestimmt Entstandene. Gestalt – als Gestalten, Darstellen mit handwerklichem oder sogar künstlerischem Zutun. Ein Zutun kann auch aus Weglassen bestehen. Und eine Steigerung des Wesentlichen läßt sich mit Vereinfachen, Übertreiben oder Ausschmücken erreichen.

Wer ein Objekt abbilden und gestalten will, muß dieses Objekt genau kennen. Und umgekehrt: wer einen Gegenstand gestaltet, lernt diesen Gegenstand genau kennen. Dazu ein amüsanter Beweis.

Zeichnen wir aus der Erinnerung heraus das Ziffernblatt unserer Armbanduhr. Bestimmt folgt ein klägliches Ergebnis, obwohl wir diese Uhr vielleicht schon mehr als tausendmal angesehen haben. Außerdem handelt es sich um ein unkompliziertes, flächiges Objekt. Viel schwieriger ist es eine räumlich dynamische Form aus dem Gedächtnis nachzuzeichnen, zum Beispiel einen VW-Käfer. Es ist leicht, eine Karikatur, aber sehr schwer, die richtigen Proportionen und den originalen Formenverlauf zu finden. Ganz ähnlich ergeht es uns beim Darstellen eines bestimmten Menschen, der uns sogar vertraut sein mag wie die Eltern.

Sehen und Begreifen

Höhere Schule des Sehens

An jedem Tag halten wir etwa 16 Stunden lang die Augen offen; und sehen letztlich doch sehr wenig.

Sehen alleine genügt also nicht. Wir müssen das Gesehene begriffen haben. B e g r e i f e n — im wahrsten Sinne des Wortes.

Das Kleinkind sieht zwar schon bald die Umwelt, lernt sie aber erst langsam durch B e g r e i f e n kennen. Es tastet dabei nicht nur das Spielzeug mit unbeholfenen Fingern ab, sondern steckt es auch in den Mund. Dort sind die Empfindungsorgane schon feinfühlender ausgebildet.

Zeichnen wir ein Objekt, meistens ist es weiter als eine Armlänge von uns entfernt, dann tasten wir es mit den Augen ab und geben es über den Zeichenstift mit den Fingerspitzen wieder. Wir b e g r e i f e n es in einem übertragenen Sinne.

Über den Weg der Zeichenstudie lernen wir unsere jeweilige Umgebung gründlich kennen. Das kritische Sehen schulen wir vor allem an Objekten, die sich mit der Bewegung verändern, bei Menschen und Tieren. Aktzeichnen ist deshalb die "Höhere Schule des Sehens" besonders für diejenigen, die unsere Umwelt unmittelbar für den Menschen gestalten. Der Zeichner sollte lernen, das Objekt Akt als eine Wechselbeziehung von Formen und Funktionen zu erfassen.

Mensch, Raum und Dimensionen

Übungseffekt

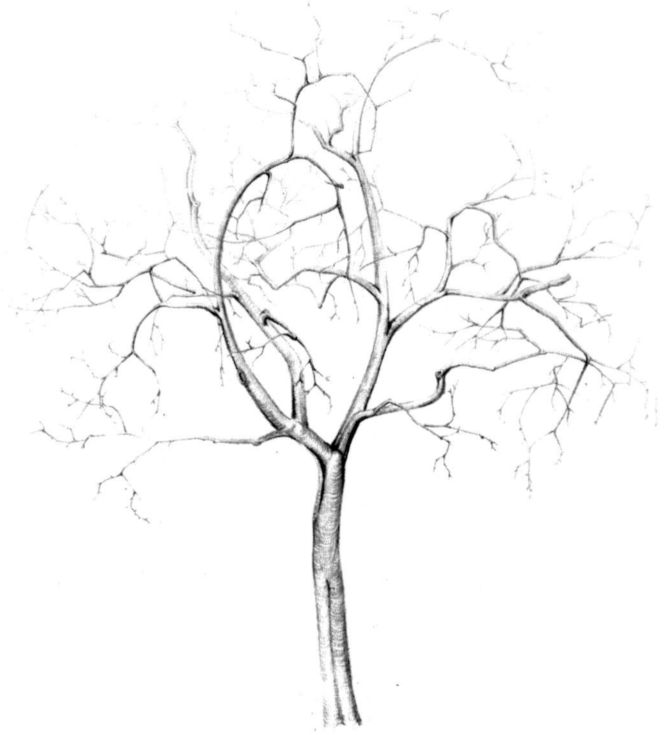

Unser Körper ist ein sehr differenziertes, räumliches Gebilde. Der Raum eines ruhenden Menschen, den er mit seinem Rumpf und den Extremitäten einnimmt, kann in Metern gemessen werden, wie ein Baum mit seinem Stamm und dem Geäst. Zehen, Finger, Hautfalten und Haare etc. haben dagegen nur Maße von Zentimetern und Millimetern, ähnlich einem Korbgeflecht.

Das körpereigene Volumen, seine Dimensionen und der Bewegungsraum in seiner nächsten Umgebung können deshalb dem Menschen zum "Maß aller Dinge" werden. Architektonische Innenräume, Außenräume und Gegenstände sollten "menschlich" dimensioniert sein.

Es lassen sich überall maßstabähnliche, harmonische Formen und Dimensionen finden, ob in der Landschaftsgestaltung oder bei einem Bungalowentwurf, bei Siedlungsstrukturen, Verkehrsbreiten, Möbeln, bis hin zu den kleinsten Gebrauchsgegenständen.

Hiermit ist unsere pragmatische Zielsetzung des Aktzeichnens bereits angedeutet. Der Zeichner schult sein Gefühl und sein Wissen, die Umwelt kritisch zu erleben, oder er wird sie sogar selbst form- und funktionsgerecht gestalten. Ein Künstler setzt sich dagegen neben den ästhetisch-form-funktionellen Sachverhalten mehr mit philosophischen, politischen, individuell-emotionalen und anti- oder traditionsgebundenen Fragen auseinander.

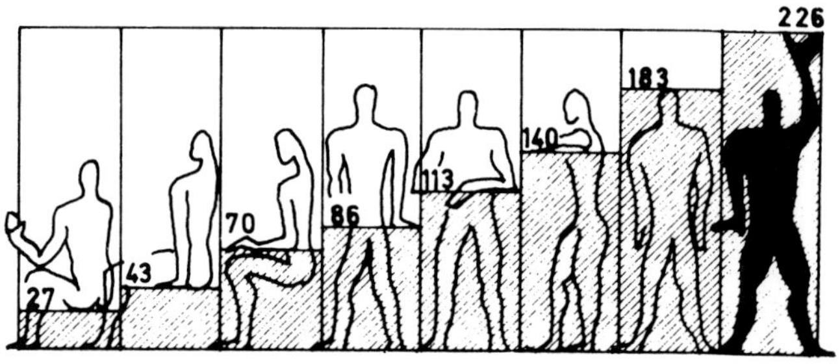

Maß-Nahmen von Le Corbusier

Übungseffekt

Um sich am Anfang ganz allgemein an das Personenzeichnen zu gewöhnen, kann man mit bekleideten Personen beginnen. Gute Gelegenheiten zum Zeichnen bieten sich in Bahnhöfen, Restaurants, auf Kinderspielplätzen oder in Schwimmbädern.

Gleich zu Beginn des Aktzeichnens sollte man sich von der **hinderlichen Vorstellung lösen, "schöne" Zeichnungen,** Schmuckblätter oder gar Kunst liefern zu müssen. Wir üben; und wir fertigen in erster Linie Skizzen an, die wie die Späne bei einem Bildhauer anfallen, der an einer Holzplastik schnitzt. Wir produzieren keine Handelsware.

Aktzeichnen ist nicht allein eine Schulung in praktischen Fertigkeiten des Zeichnens, sondern vor allem eine Ausbildung der Beobachtungsgabe, des visuellen Gedächtnisses, des Form- und Raumgefühls, des Vorstellungsvermögens mit bildlicher Denk- und Abstraktionsfähigkeit, des Materialgefühls für fest und weich, schwer und leicht, der Kontrastwerte und der verbindenden Elemente. Wir sensibilisieren sehr weitreichend unser optisches Wahrnehmungsempfinden.

Der Anfänger im Aktzeichnen darf sich selbst nicht in detaillierten Theorien verirren. Die wichtigsten Grundkenntnisse, etwa von der Anatomie des Menschen, können ihm jedoch nicht erspart werden. Er wird sie auch wieder "vergessen", sobald er sie beherrscht. Etwa so, wie ein Erwachsener die Uhrzeit von einem Zifferblatt ohne jegliche Stundeneinteilung ablesen kann, im Gegensatz zum lernenden Kind. All dieses Fachwissen wird sich ebenfalls in sein optisches Empfindungsvermögen umsetzen.

Proportionen

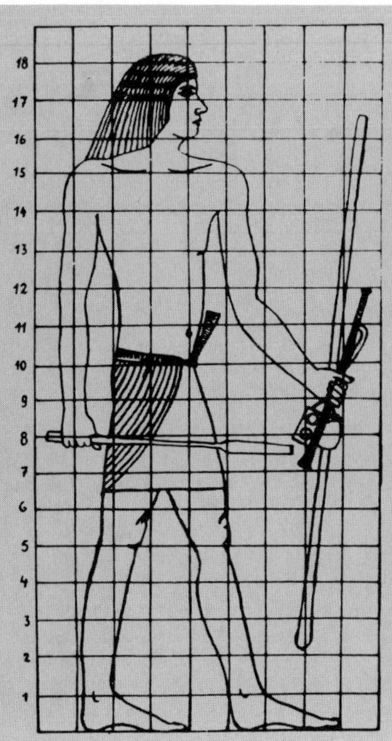

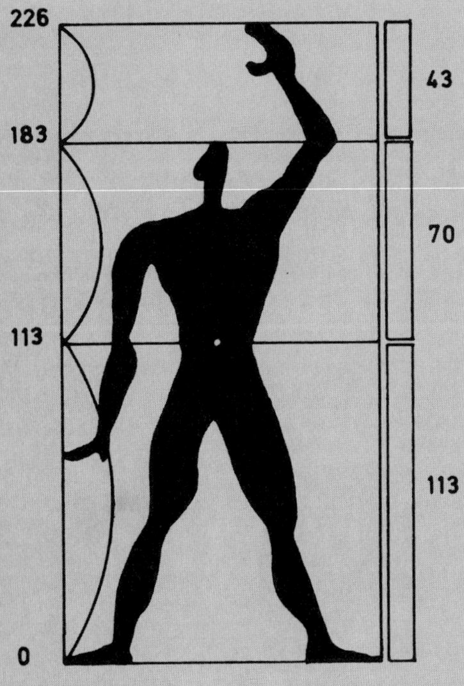

Modul von Le Corbusier

In einer ägyptischen Grabkammer bei Memphis fand man den vielleicht ältesten Kanon über die Maßverhältnisse des Menschen (ca. 3000 v.Chr.).

Seit Jahrtausenden versucht man immer wieder die Maße der menschlichen Gestalt zu schematisieren. Derartige Analysen über Körperproportionen sind uns auch von den Griechen und Römern, später von Leonardo da Vinci, Albrecht Dürer und anderen bekannt.

Aber kaum zwei Menschen haben identische Maßverhältnisse. Erst mit zahlreichen Vergleichsmessungen läßt sich eine standardisierende Norm finden; und sie bleibt trotzdem nur ein Näherungswert, denn die Menschen verändern sich geringfügig sogar von Generation zu Generation und unterscheiden sich hinsichtlich des individuellen Längenwachstums ihrer Gliedmaße.

Derartige "Ordnungsregeln" können sich schnell zum Selbstzweck, zu einem Diktat der Maßsystematik aufblähen und eher hemmend als helfend wirken. Sie sind deshalb meistens zu kurzlebig. Nur der alte Goldene Schnitt hat bis heute seine Gültigkeit behalten.

Goldener Schnitt

Repräsentative Messungen ergaben, daß der Mensch – im Prinzip – nach dem Proportionsverhältnis des "Goldenen Schnittes" gebaut ist.

Der "Goldene Schnitt" teilt eine gegebene Strecke so, daß sich der kleine zum größeren Teil verhält, wie der größere Teil zur ganzen Strecke.

Zum Beispiel sei (m+M) die gegebene Strecke; die algebraische Formel sieht dann so aus:

$$m:M = M:(m+M)$$

Näherungsproportionen zum "Goldenen Schnitt" sind folgende Zahlenverhältnisse:

2:3; 3:5; 5:8; 8:13; 13:21; usw.

Der Streckenwert 8 (aus 3+5) mit der Proportion 3:5 läßt sich sehr einfach im Goldenen Schnitt teilen. Bei einer Körpergröße von 176 cm beträgt ein Achtel 22 cm.

5/8 = 110 cm; 3/8 = 66 cm; 110+66 = 176 cm;

Die Proportionstheorien sind als Hintergrundinformation zwar notwendig, aber beim Freihandzeichnen ist jedes Rechnen und Konstruieren eher hinderlich. Teilstrecken des Zeichenstiftes bei ausgestrecktem Arm und Augenmaß sollten auch dem Lernenden im Aktzeichnen als Maßhilfe genügen.

Wie fängt man an? Beim liegenden oder stehenden Akt, wenn sich die perspektivisch unverkürzten, wahren Körperlängen zeigen, zeichnen Sie die gewünschte Größe (Füße – Scheitel) auf das Blatt; dann halbieren Sie diese Strecke, und jeweils die neuen Teilstrecken. Die entstandenen Teile sind Achtel und entsprechen beim Erwachsenen seiner Kopflänge (Kinn – Scheitel).

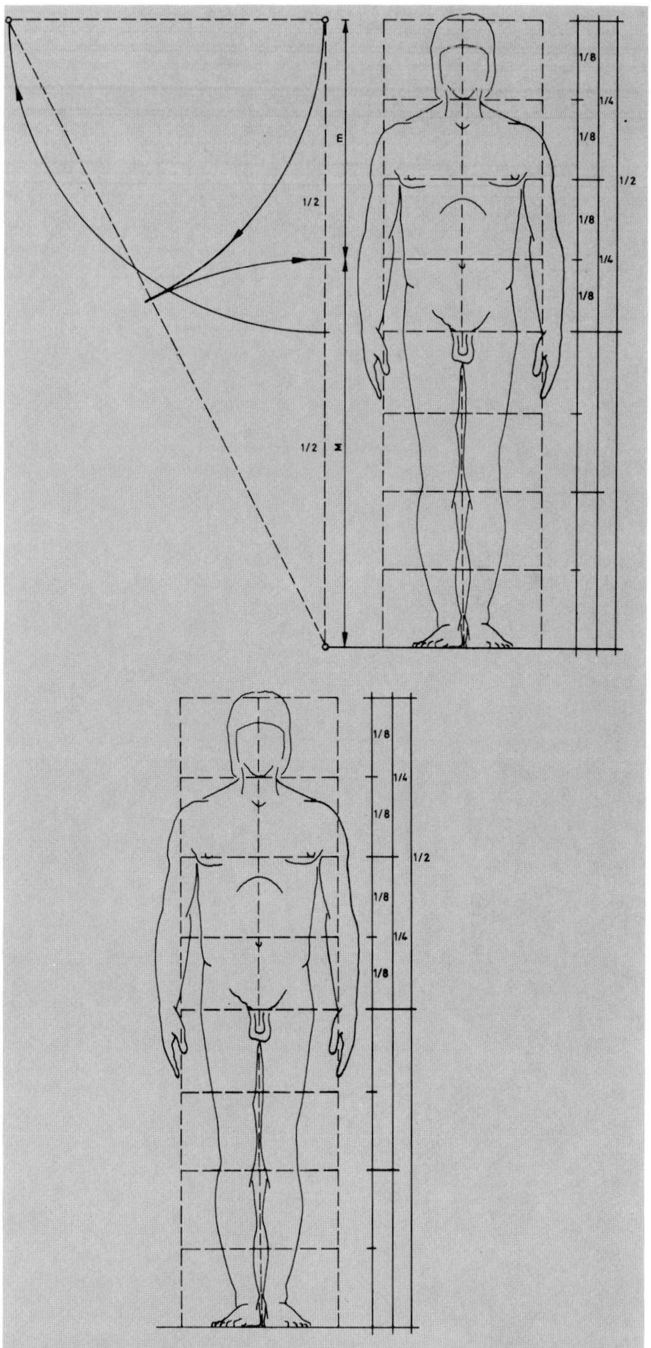

Goldener Schnitt und Achtelteilung

Proportionen

Goldener Schnitt · Harmonie, Schönheit

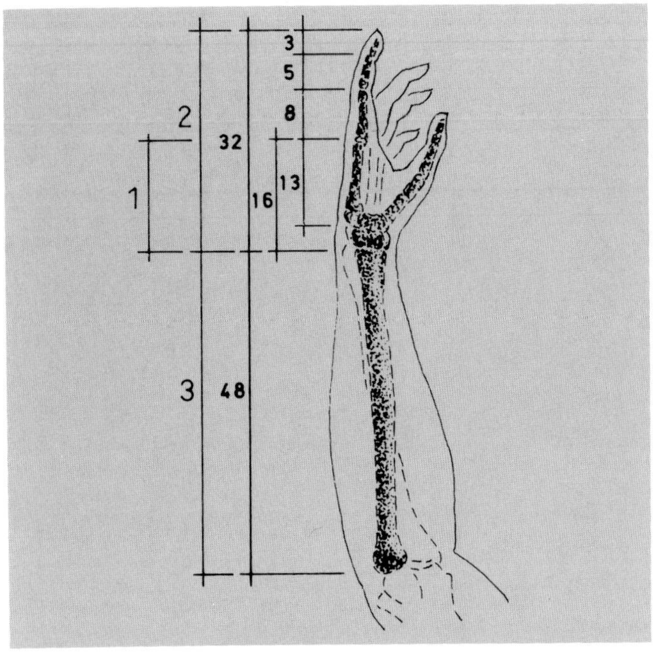

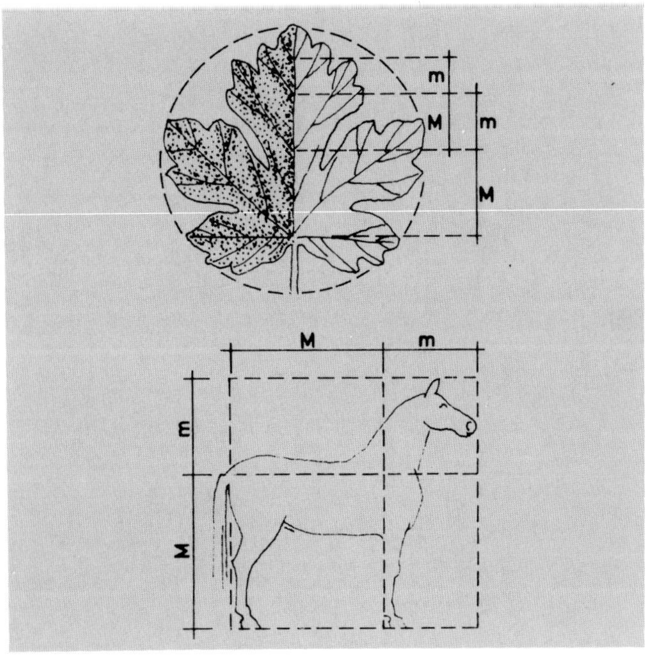

Trotz vieler Maß-Ungenauigkeiten läßt sich bei allen Menschen, wie auch in der Tier- und Pflanzenwelt diese harmonische Ordnung nach dem Goldenen Schnitt feststellen.

Dies gilt auch für "Schönheits-Maßstäbe"; nicht nur, weil der Mensch nach eigenen Abmessungen entsprechend die Form der Dinge, die ihn umgeben, gefühlsmäßig bestimmt, sondern auch aus der Erkenntnis heraus, daß es der Mensch ist, der sagt, was Schönheit ist.

Neben den zahllosen Proportionsvarianten, die bei Erwachsenen möglich sind, bleibt doch ein gesunder Körper in sich harmonisch. Ein schmaler Leib hat auch meist schlanke Glieder und einen schmalen Kopf. Ein kurzarmiger Typ hat gewöhnlich auch kurze Beine.

Diese vielfältigen Konstitutionen werden in drei Grundtypen (für Mann und Frau gleich) eingeteilt: Astheniker, Athletiker, Pykniker.

Abgesehen von individuellen Abweichungen gibt es grundsätzliche Unterschiede zwischen der Figur des männlichen, des weiblichen und des kindlichen Körpers.

Altersstufen

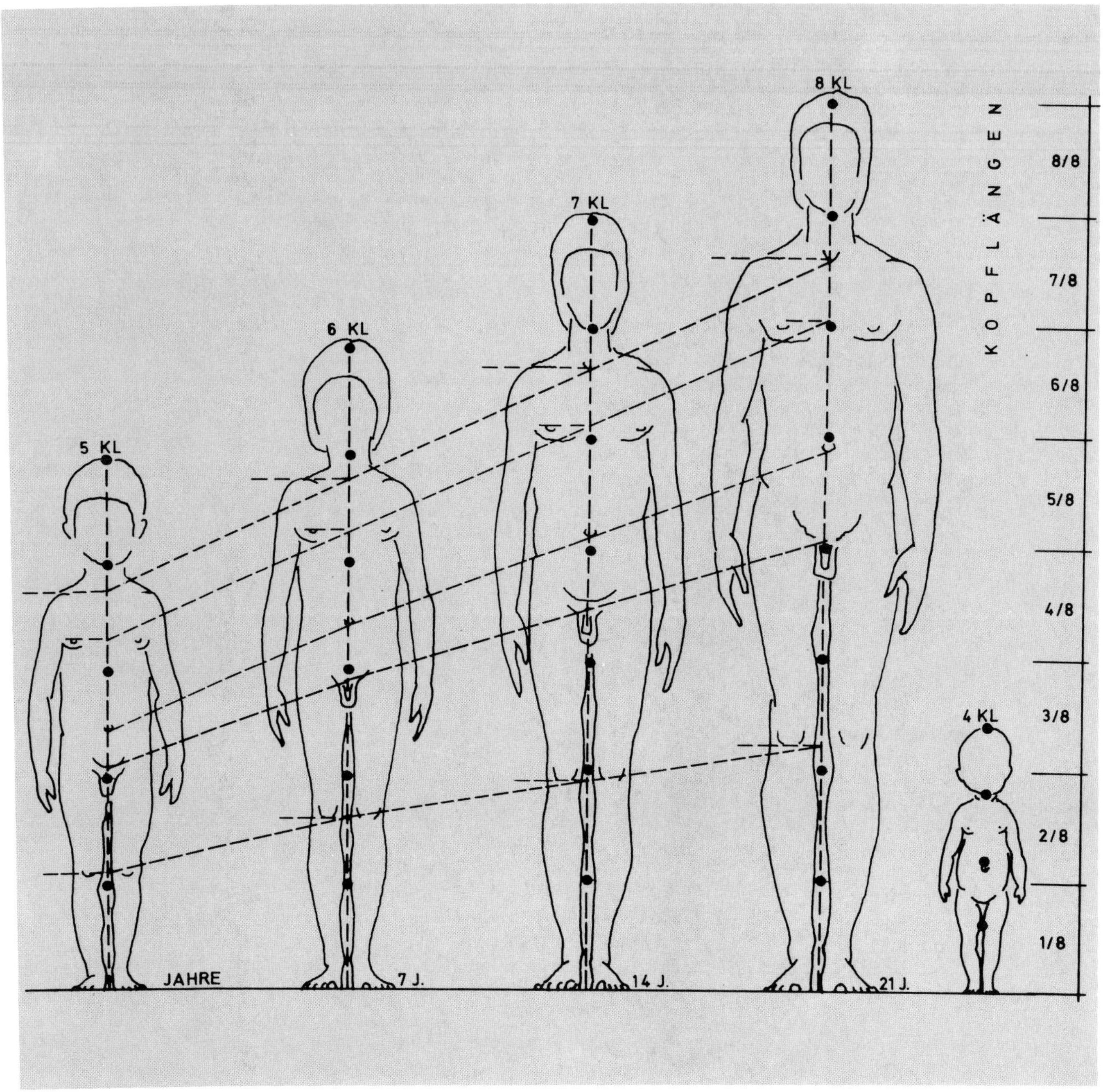

Für die Darstellung einer Altersstufe ist die jeweilige Körperproportion als eindeutige Charakterisierung der Figur ausschlaggebend.

Die Silhouetten zeigen das Längenwachstum vom Kleinkind bis zum Erwachsenen. Der Kopf wächst z.B. nur etwa um die Hälfte, der Unterschenkel um mehr als das Vierfache.

Die Wachstumsverhältnisse der übrigen Körperteile liegen zwischen diesen Extremen.

Proportionen

Die Grundtypen

Astheniker

Gewöhnlich wird der männliche Körper deswegen zum Demonstrationsobjekt für die plastische Anatomie gewählt, weil er Knochen, Muskeln und damit den gesamten Formenverlauf leichter erkennen läßt.

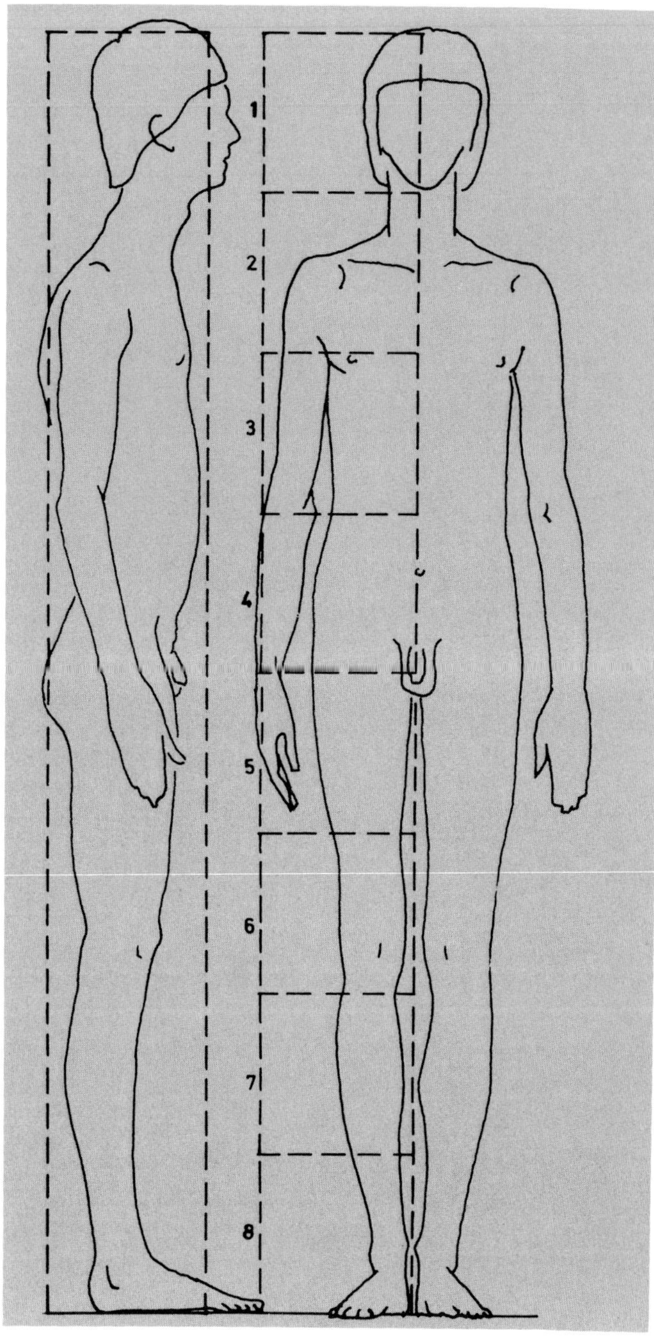

Der leptosome oder asthenische Typ:
mager, schlank, hoch aufgeschossen; flacher Brustkorb mit schmalen Schultern und schlanker Schädelform; feingliedriger Knochenbau.

Athletiker

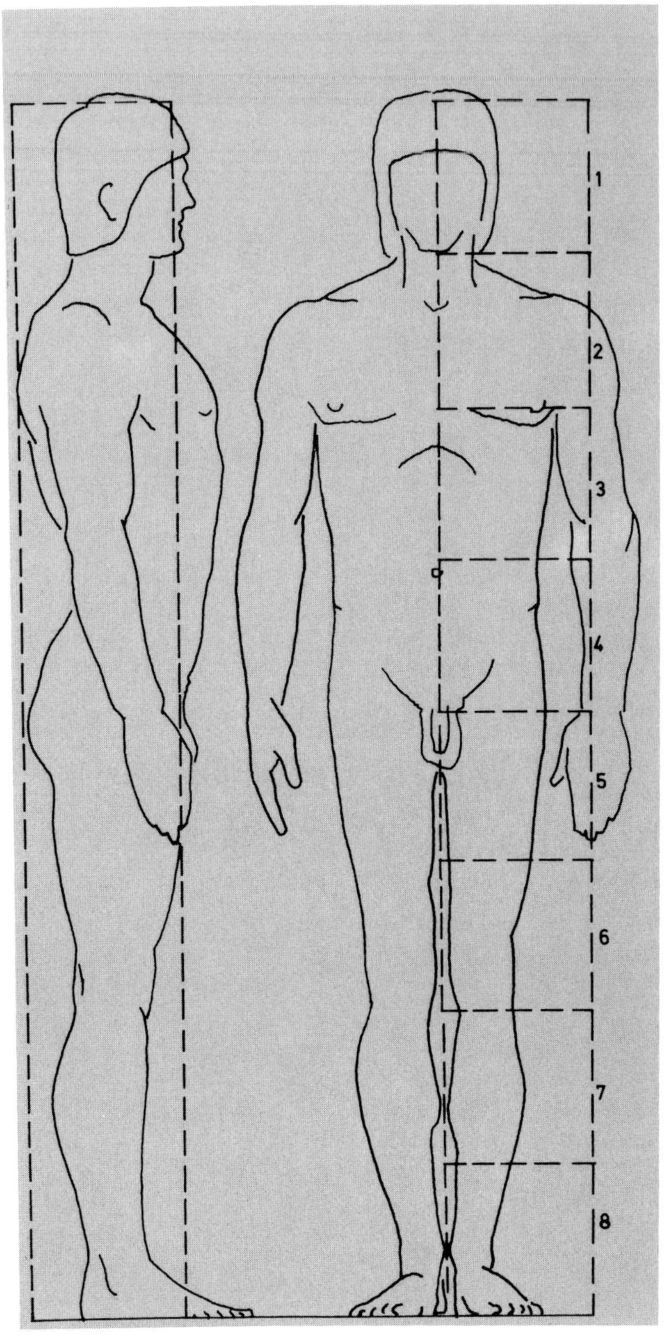

Der athletische Typ:
breite Schultern, derbe Schädelform, kräftig gewölbter Brustkorb; wenig Fettgewebe mit deutlich sichtbarer Muskelplastik; grober Knochenbau; keilförmige Gesamtfigur

Pykniker

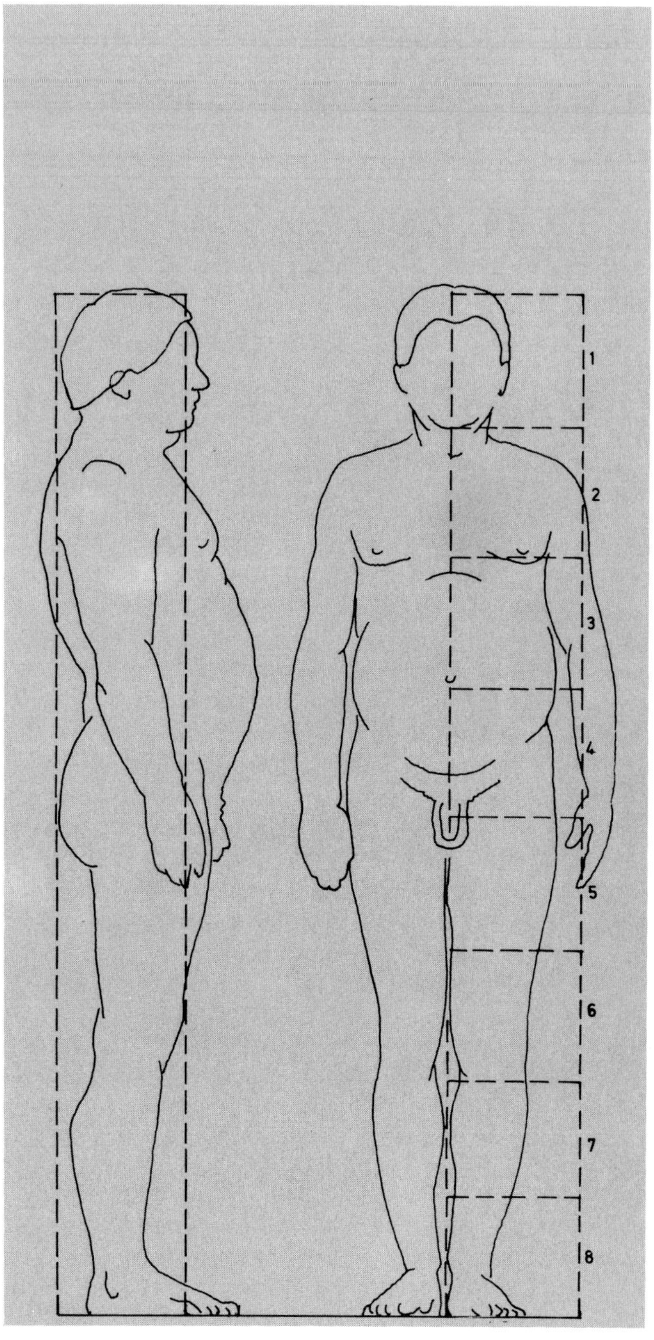

Der pyknische Typ:
mittlere Größe, rundliche Formen, gedrungene Figur; runder Schädel auf kurzem Hals und tiefem Brustkorb; Neigung zu Fettansatz.

Proportionen

Plastische Anatomie · Mann und Frau

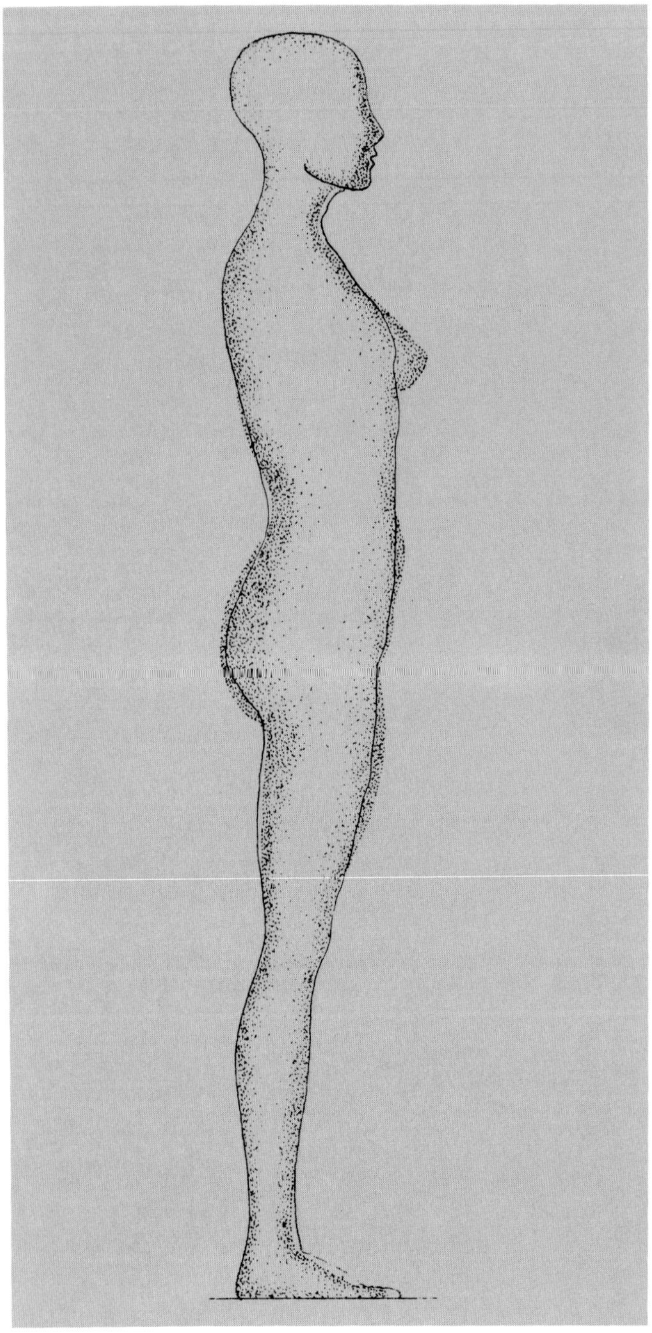

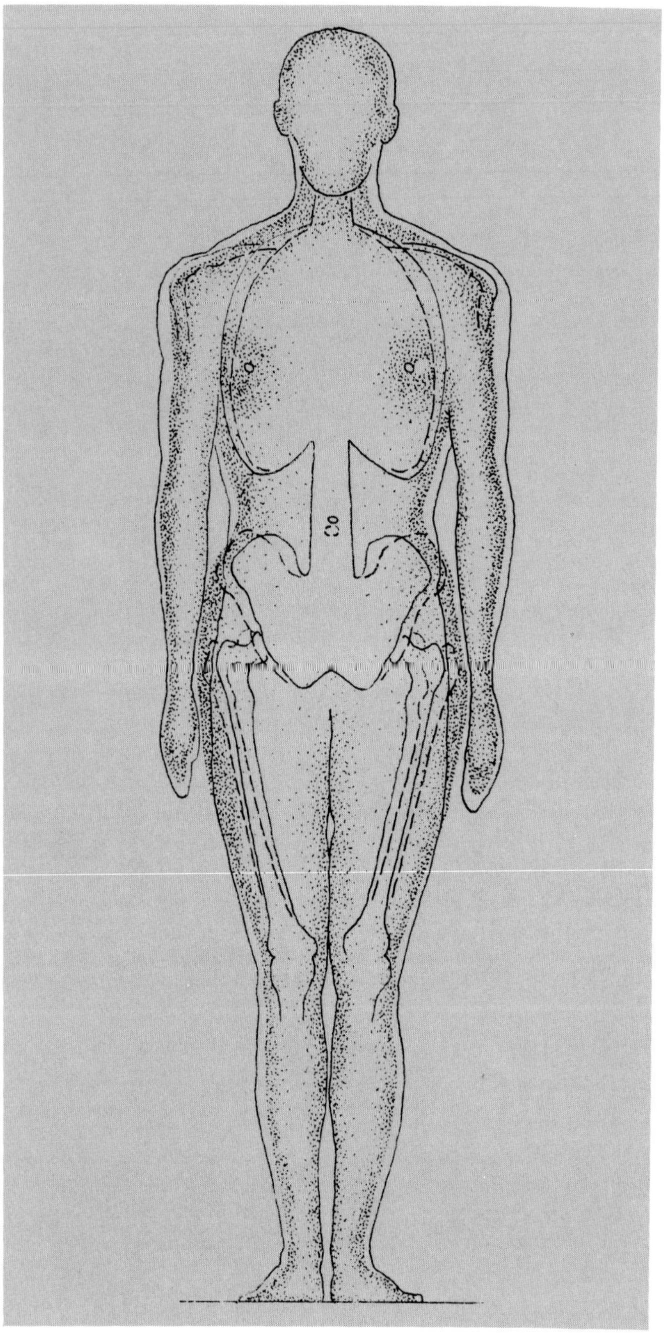

Plastische Anatomie im Vergleich zwischen Mann und Frau bei gleicher Körpergröße.
Die durchgezogenen Linien umreißen die Figur des Mannes.
Die gepunkteten Flächen stellen die Figur der Frau dar.

Kopf

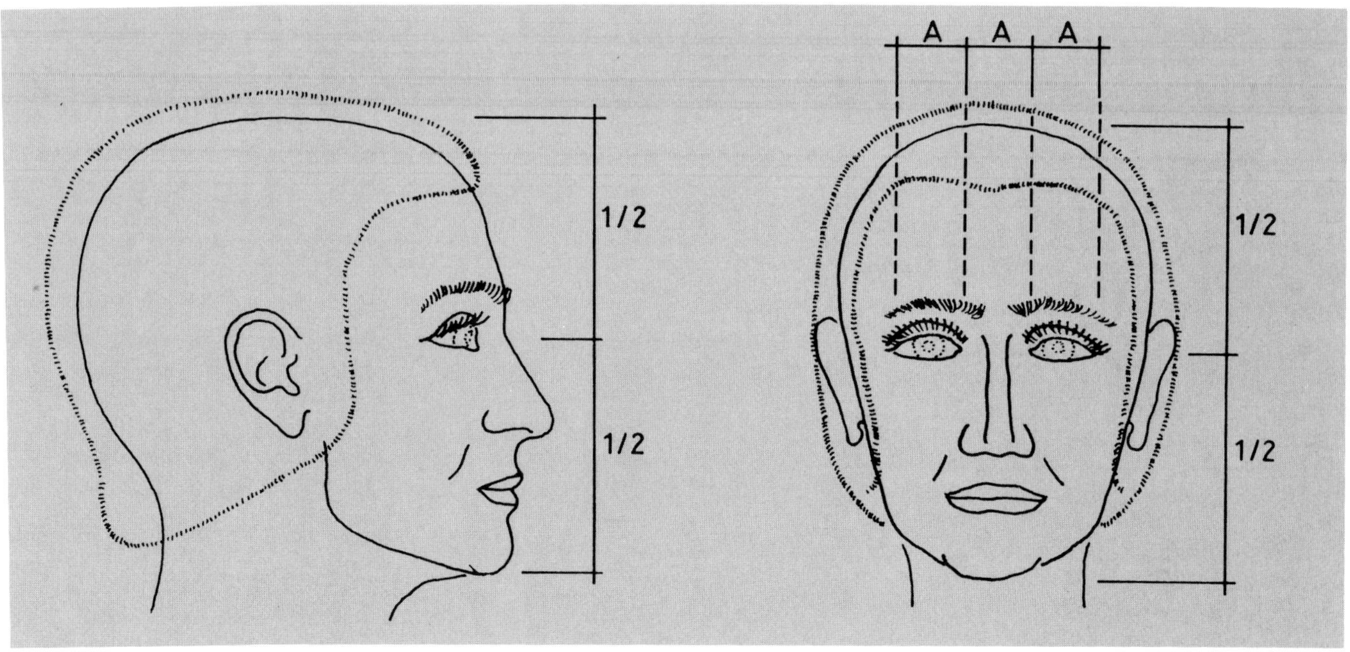

Als Studienobjekt beim Aktzeichnen ist für uns der Kopf nur insoweit interessant, wie er zum Charakteristikum der gesamten Figur oder einer speziellen Körperhaltung wird.

Meist können wir sogar in einer Aktzeichnung die "Sekundärformen" wie Augen, Lippen, Ohren usw. bei der Darstellung des Kopfes vernachlässigen.

Der Kopf hat eine verhältnismäßig geringe Muskelmasse. Es sind vor allem die mimischen Muskeln und die Kaumuskeln, die den Gesichtsausdruck formen und zusätzlich durch Hautfalten prägen.

Die Augenachse halbiert die Kopfhöhe; die Augenbrauen und oberen Ohrränder liegen auf gleicher Höhe; die Ohren sind meist etwas länger als die Nase; der Abstand der Augen voneinander entspricht der Breite eines Auges.

Die Kopfform gibt außerdem Hinweise auf die Rassenzugehörigkeit eines Menschen.

Knochenbau

Proportionspunkte · Gelenke

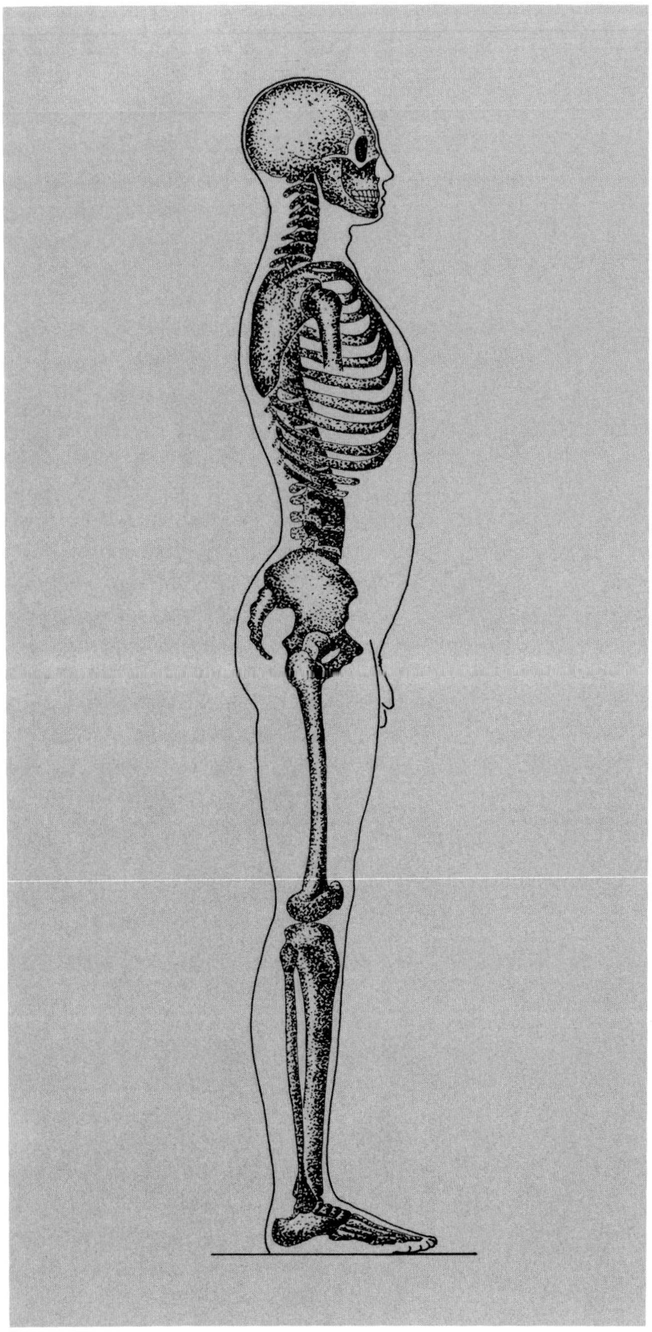

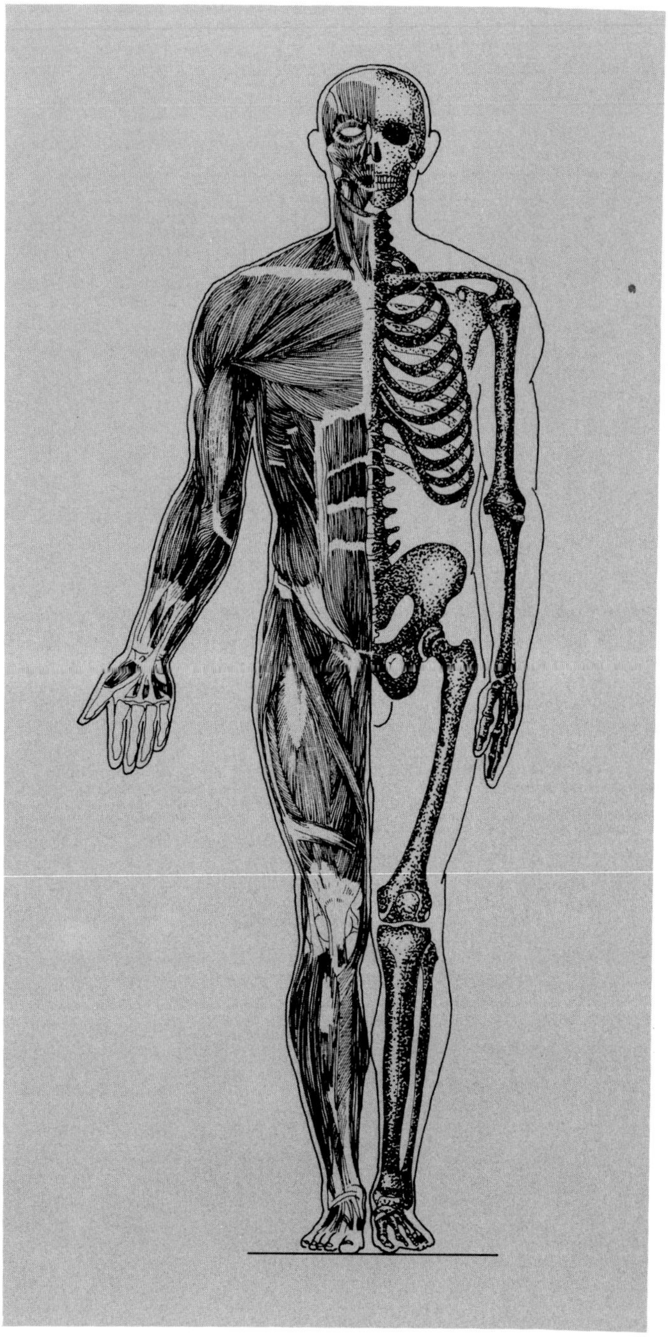

Die starren Knochen des Skeletts sind durch zahlreiche, komplizierte Gelenke beweglich miteinander verbunden; allerdings nur nach einem begrenzten Bewegungsschema.
Die Knochenform ist mehr oder weniger deutlich unter der Haut erkennbar. Das hängt von der jeweiligen Körperzone und der generellen Konstitution des Menschen ab.
Auch bei "gepolsterten" Figuren bleiben die Gelenke gut sichtbar. Diese Stellen bilden die eindeutigen Proportionspunkte des Körpers und sind gleichzeitig Zeichenhilfen bei der Darstellung des Aktes.

Schädel

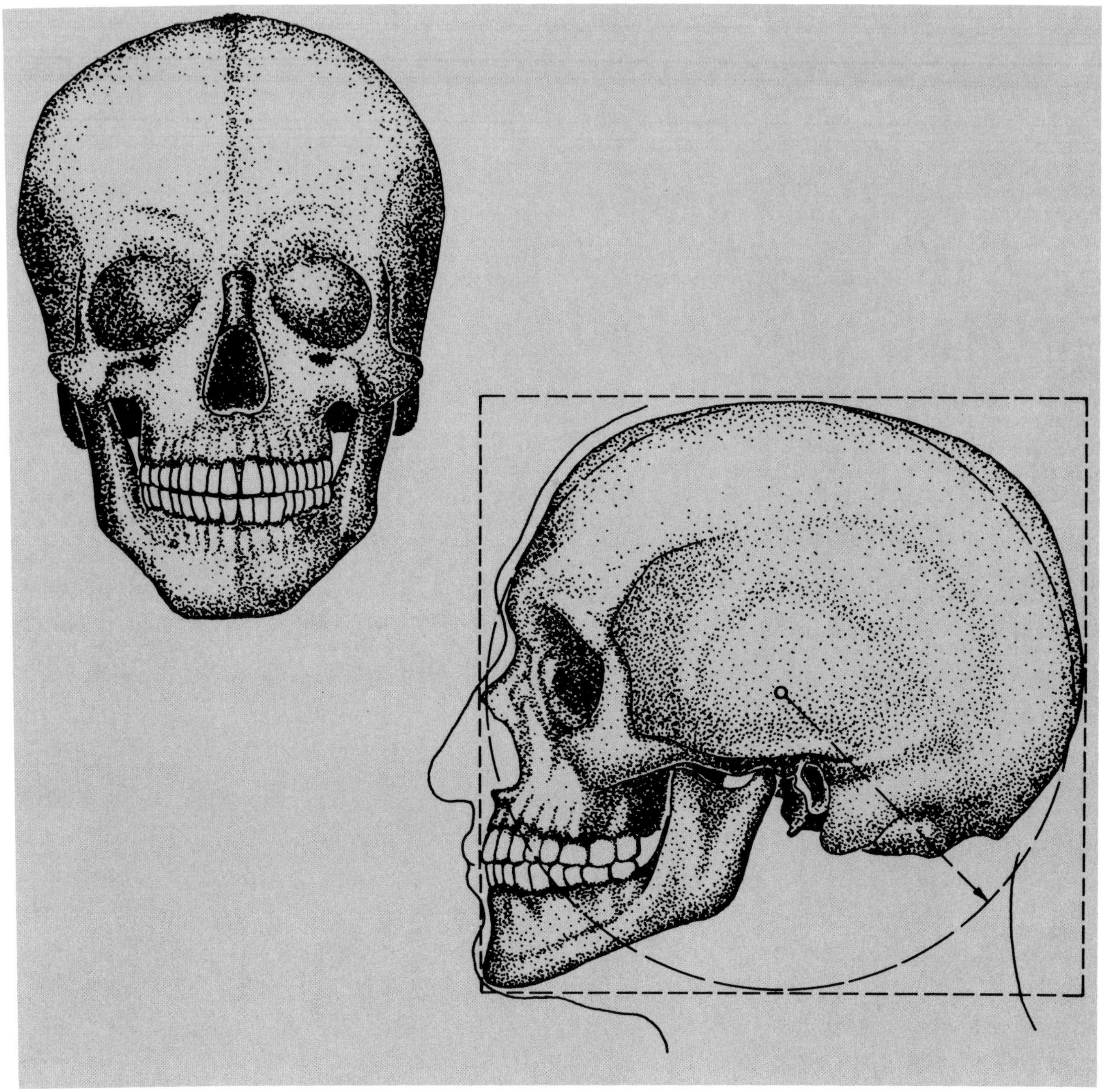

Eine eiförmige Knochenschale bildet den Schädel. Der Unterkiefer ist das einzige bewegliche Teilstück daran.

Wir unterscheiden zwischen Hirnschädel und Gesichtsschädel. Wobei der Hirnschädel die rundliche Kopfform bestimmt (Stirn bis Schläfen, Scheitel bis Hinterhaupt), und der Gesichtsschädel sich nur auf die Zone beschränkt, die die Augen, Nase, Wangen, Kiefer und Kinn enthält. Dieser Teil gleicht einem vertikalen Bug.

Knochenbau

Hände

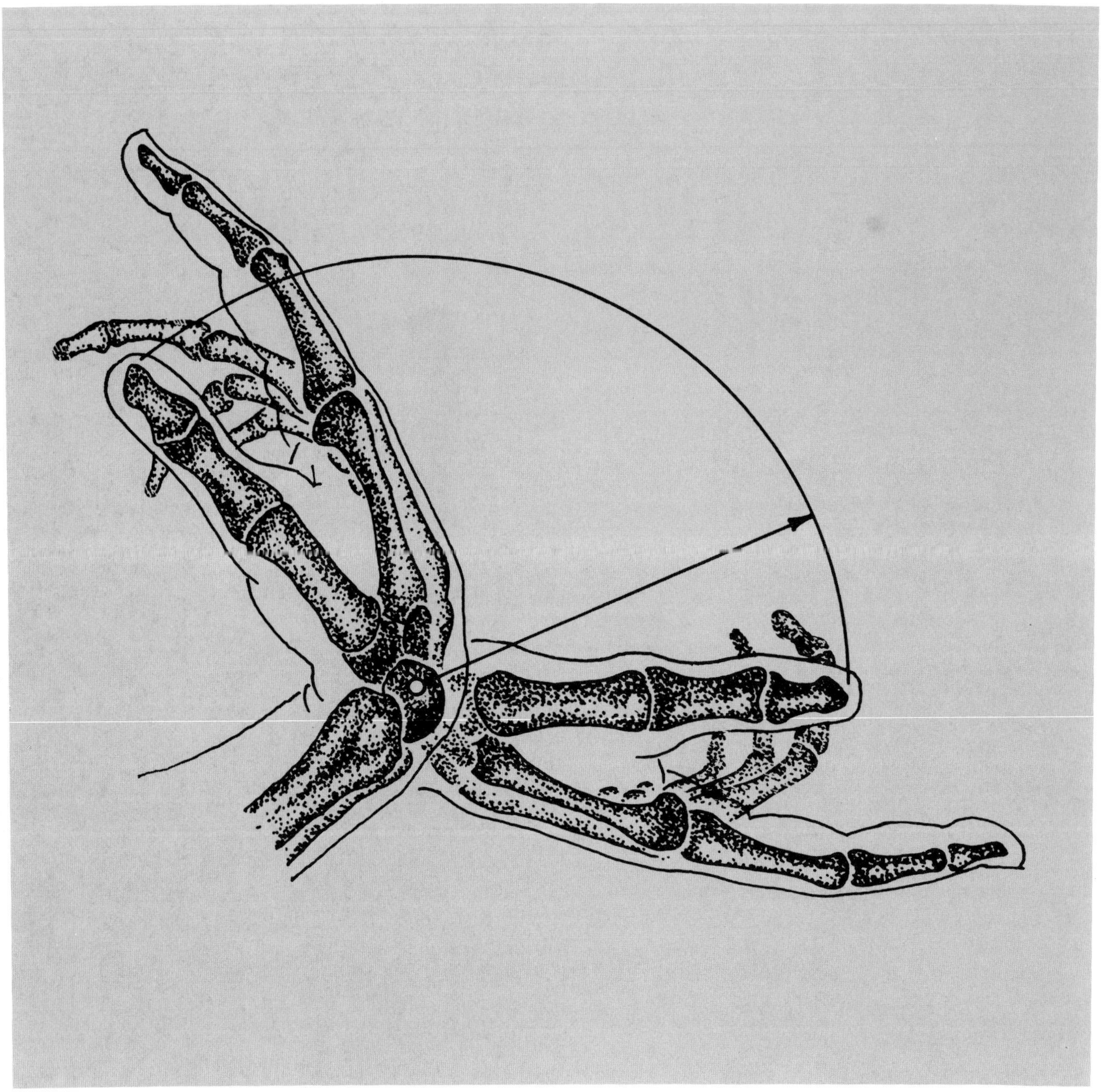

Die Hand ist mit ihren fünf Gliedreihen dem Fuß ähnlich. Aber durch die sehr differenzierbaren Bewegungsmöglichkeiten und auch die Greiffähigkeit unterscheidet sich die Hand ganz wesentlich von der Funktion des Fußes.

Sie ist gleichzeitig Handwerkszeug, Sinnesorgan (Tasten, Fühlen), Ausdrucksinstrument (Geste) und Verständigungsmittel; und sie ist erstes sichtbares Zeichen jedes H a n d e l n s .

Skelett der Hand

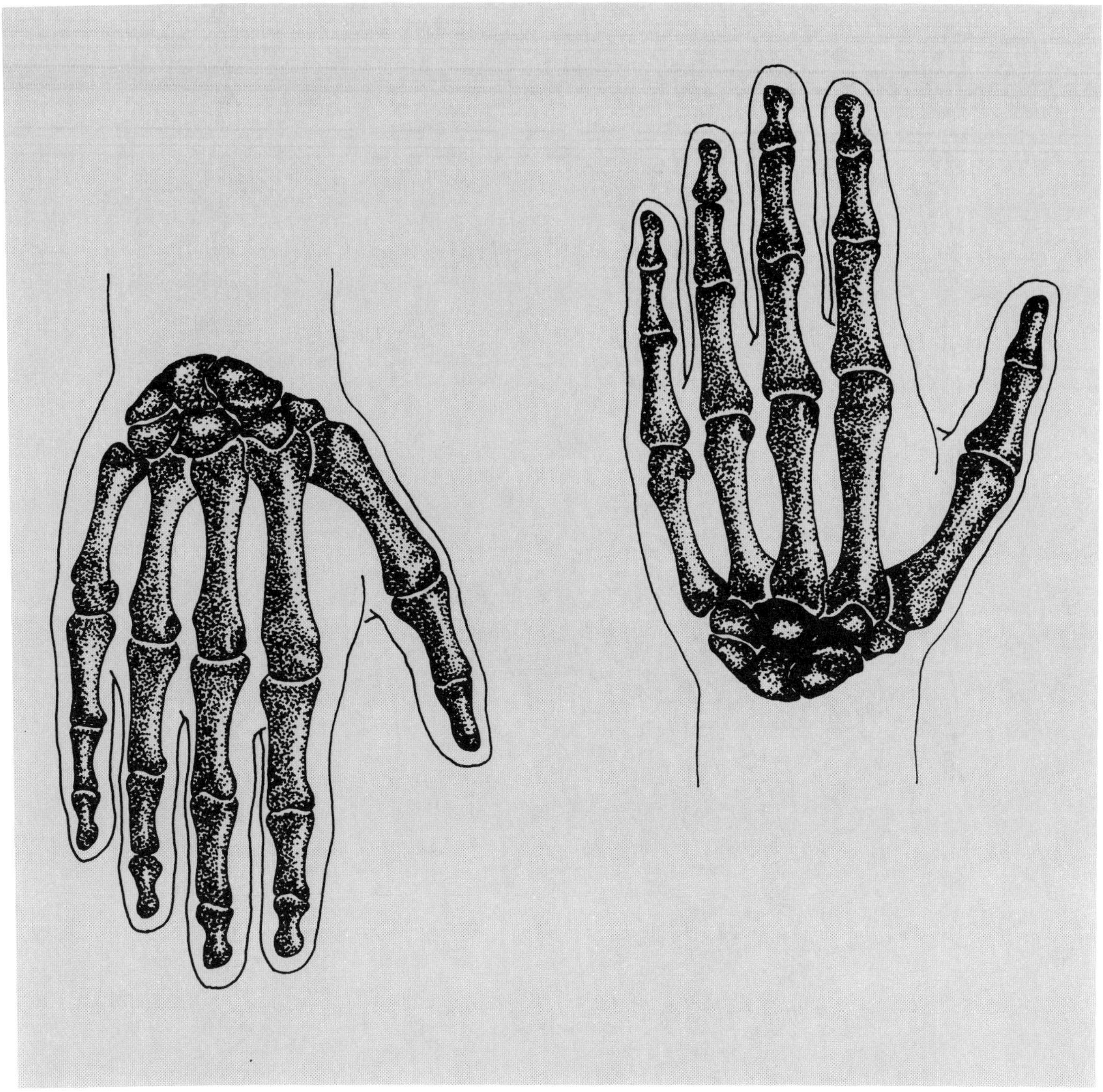

Die meisten Hand- und Fingerbewegungen werden von den Muskelsträngen ausgeführt, die am Unterarm um Elle und Speiche herum gelagert sind. Lange Sehnen verbinden sie mit jedem Fingerknochenglied über alle Gelenkpunkte hinweg. Nur wenige Muskeln befinden sich direkt an der Hand, und hier auch nur im Mittelhandbereich. Deshalb bestimmt vor allem das Skelett die Plastik der Hand.

Eine Handlänge entspricht ungefähr einer Gesichtslänge vom Kinn bis zum Haaransatz; beim Erwachsenen einem Zehntel der Gesamtkörperlänge.

Füße

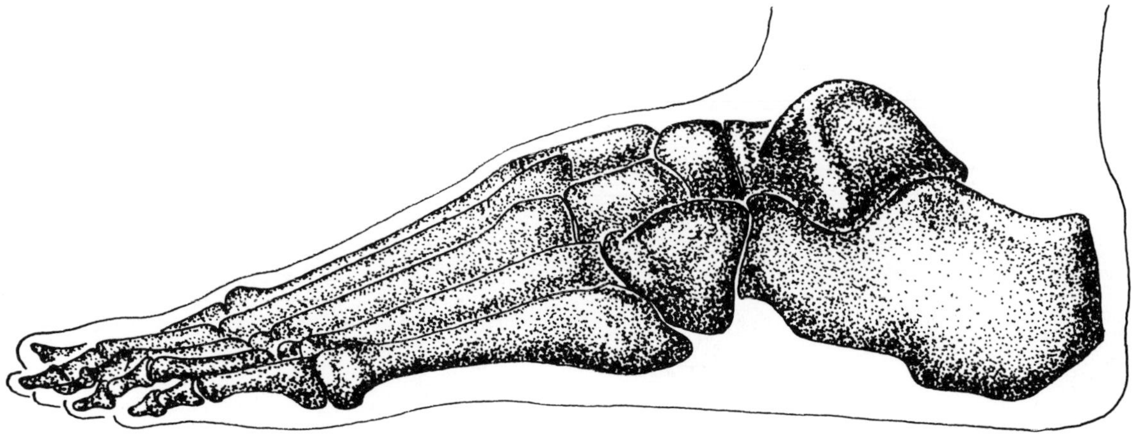

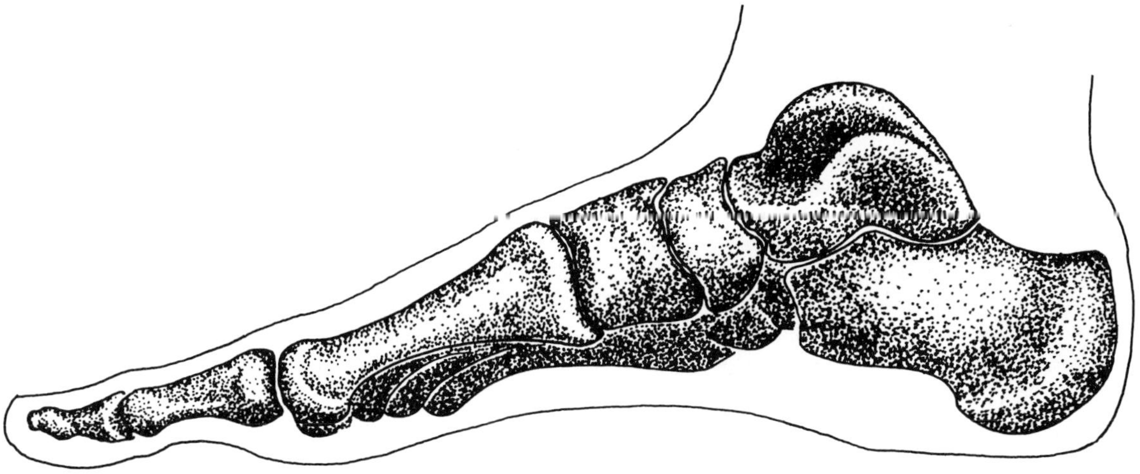

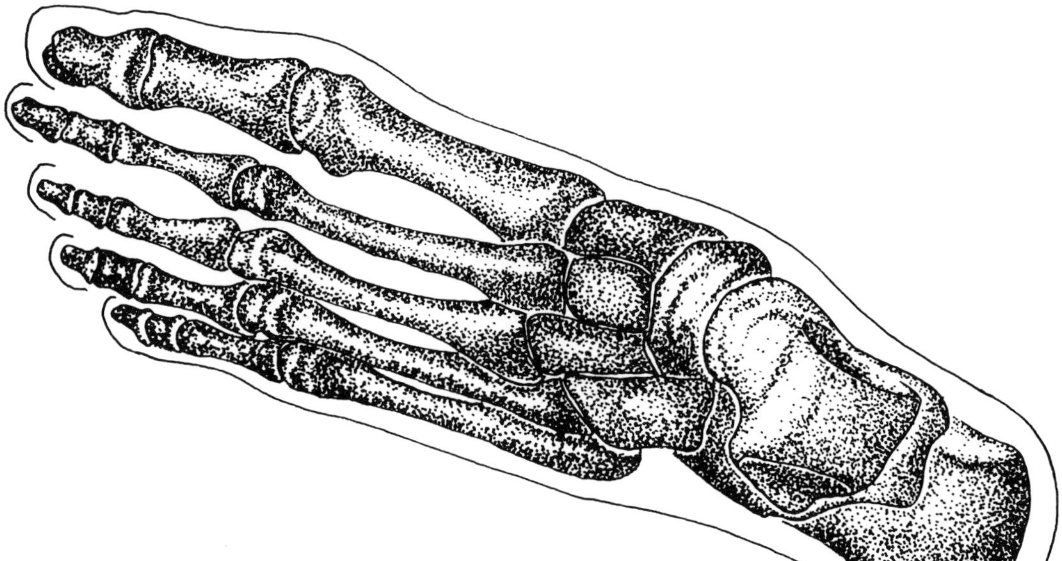

Füße

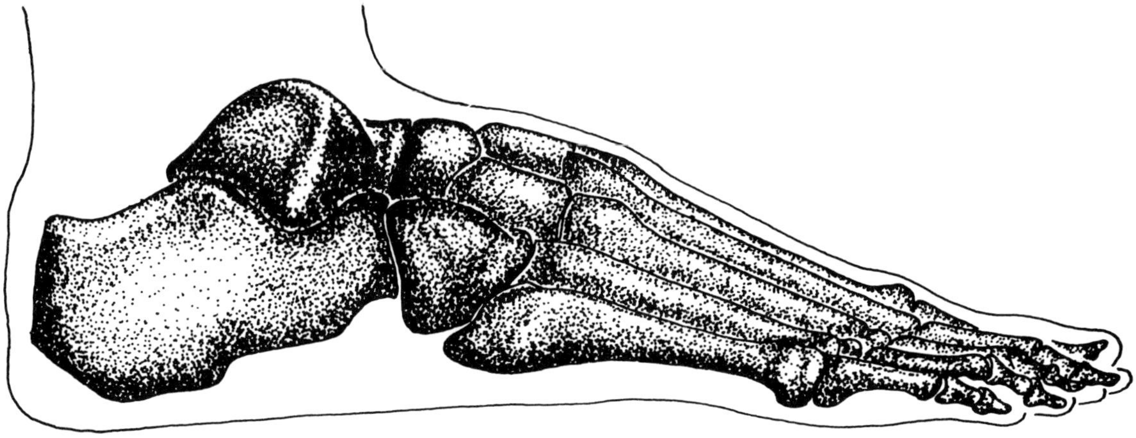

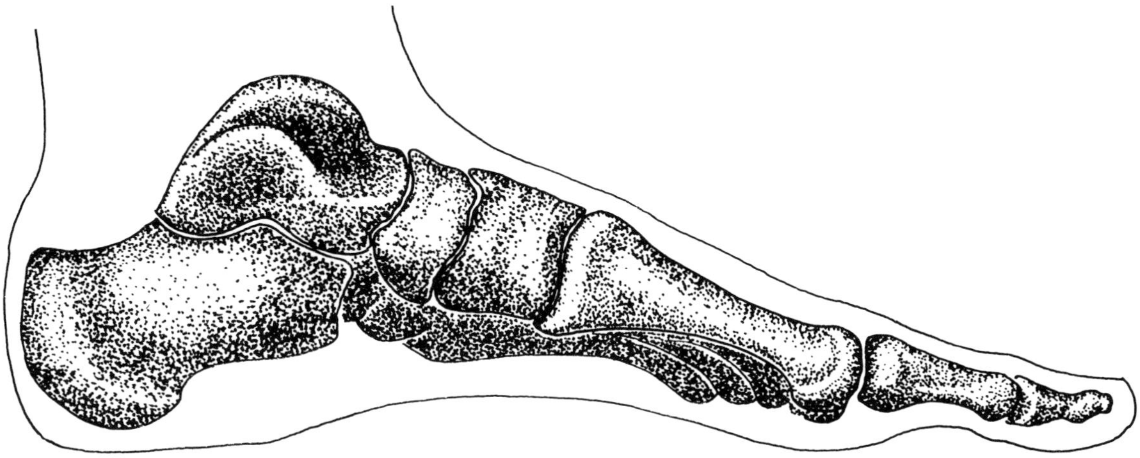

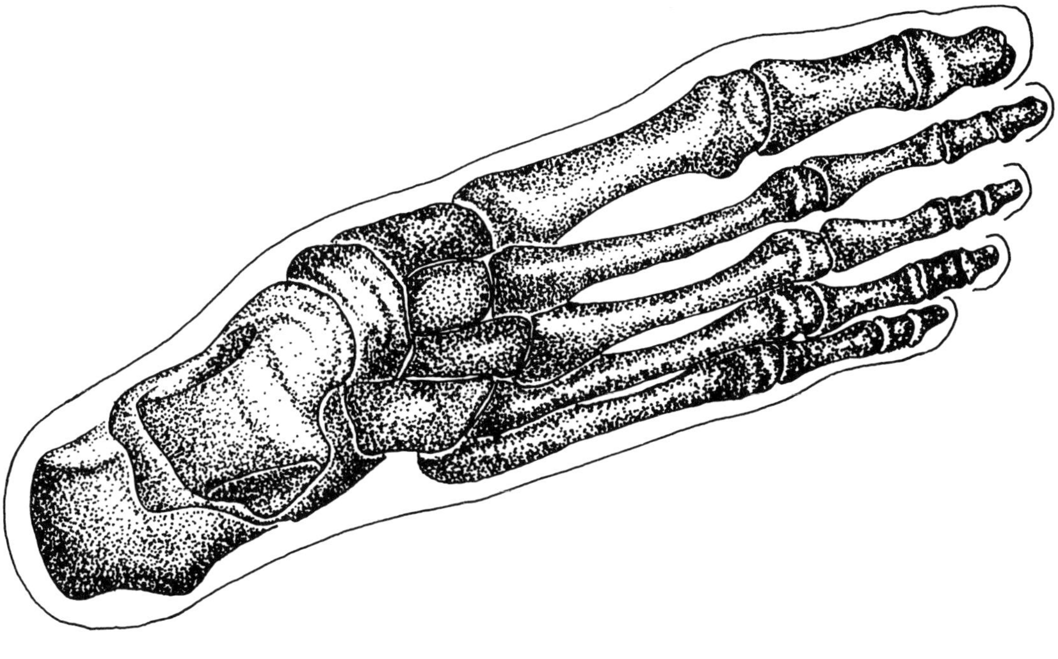

Knochenbau und Muskeln

Plastische Anatomie

Die Oberflächenplastik des Körpers wird normalerweise primär von den Muskeln und sekundär vom Fettgewebe bestimmt; die Muskeln und Sehnen bewegen die Teile des Skelettes.

Diese Skelettmuskeln sind das eigentliche Fleisch des Körpers. Daneben gibt es äußerlich nicht ablesbare Muskeln (Lunge, Herz, Eingeweide usw.), die aber für den Zeichner nicht zur plastischen Anatomie zählen.

Ein Muskel kann immer nur ziehend wirken, nie drückend. Deshalb gehört zu jedem ein entsprechend entgegengesetzt arbeitender Muskel, der sogenannte Antagonist.

Hat aber ein Muskel, z.B. der Gesäßmuskel, zu mehreren Achsen eines Gelenkes (Hüftgelenk) Verbindungen, dann kann er mit einzelnen Abschnitten mehrere Funktionen ausüben oder sogar sein eigener Antagonist sein (Das Abziehen geschieht mit der äußeren, das Anziehen mit der inneren Muskelschicht, die analog außen- und innenseitig zur Tiefenachse angeordnet ist).

Der passive, entspannte Muskel ist schlanker als der aktive, angespannte. Deshalb kann die sonst symmetrische Figur stellenweise auch einmal leicht asymmetrisch erscheinen; beispielsweise die Arm- und Beinmuskulatur oder der Gesäßmuskel am Spiel- oder Standbein.

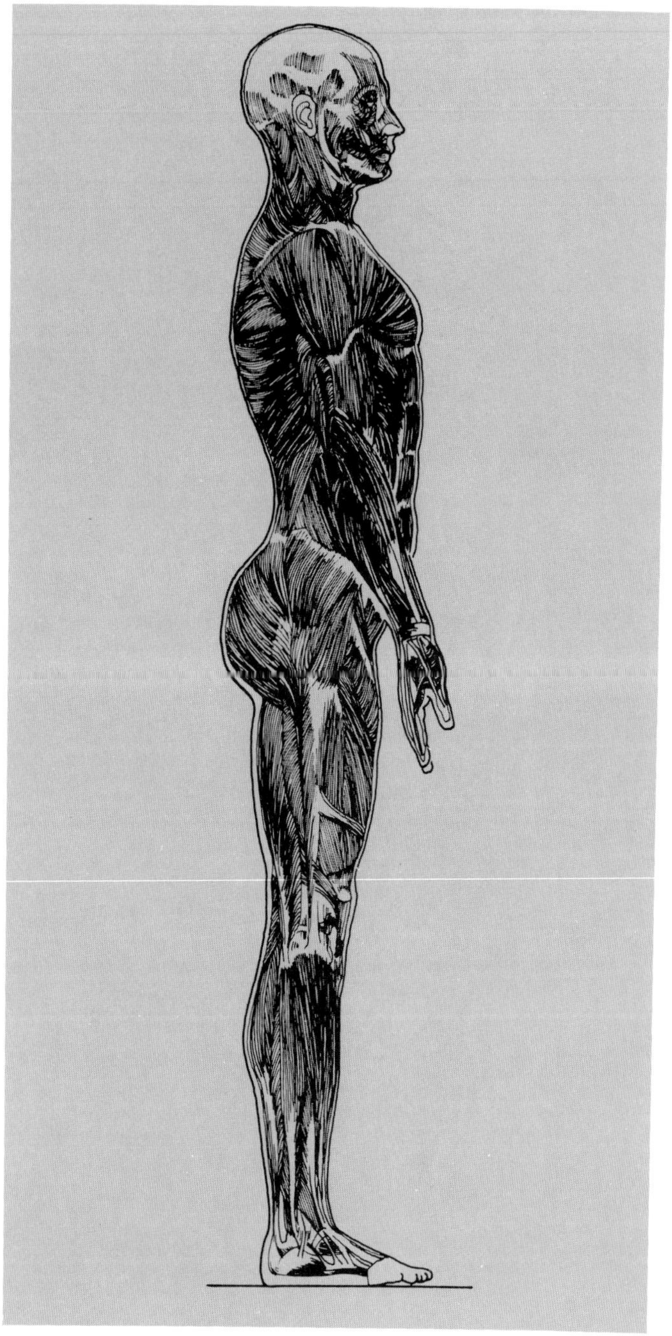

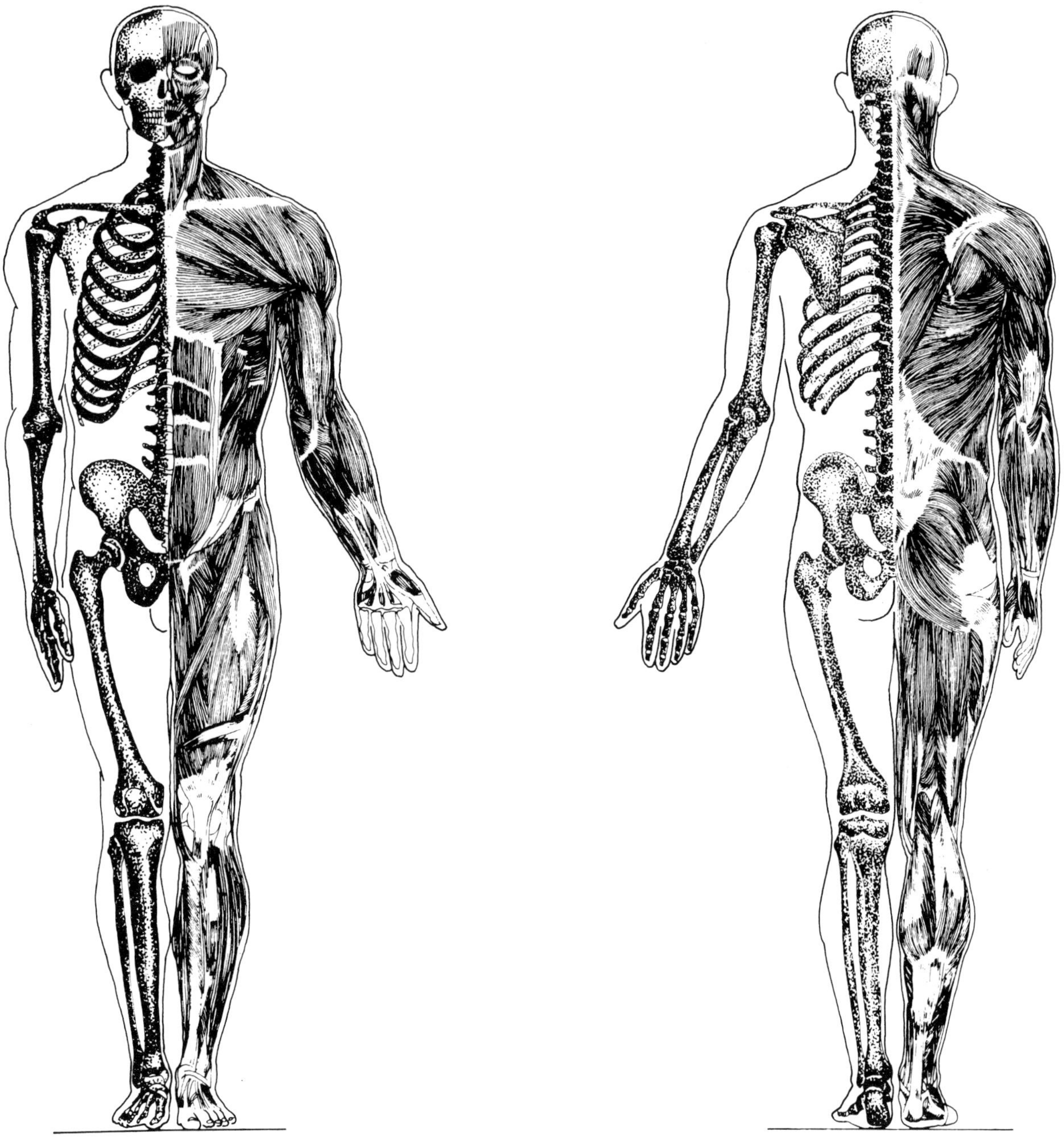

Knochenbau und Muskeln

Hand, geballt und geöffnet

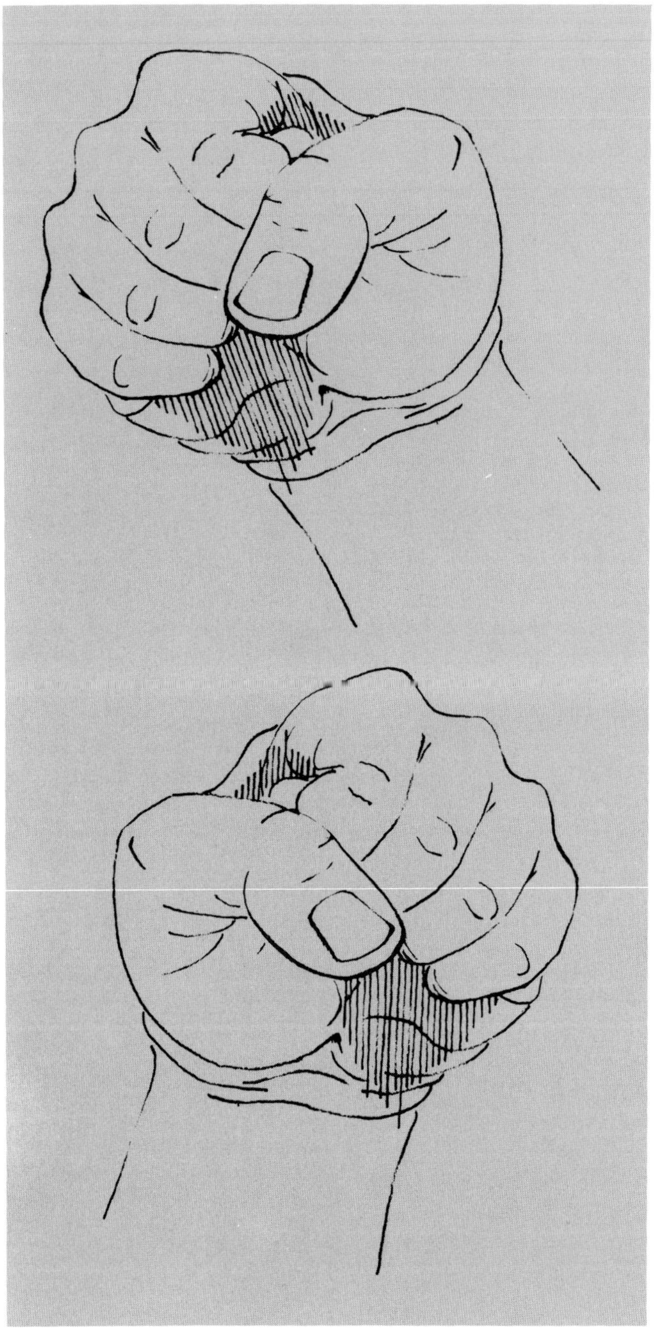

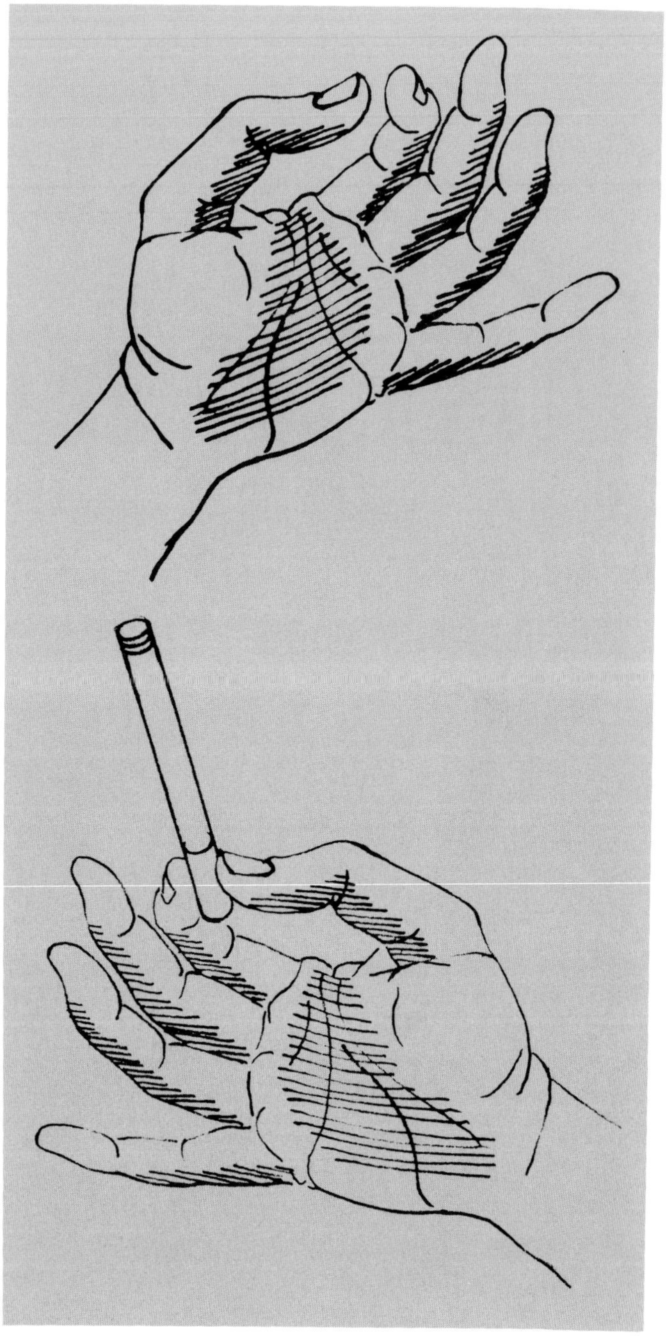

Die Hand ist ein wesentliches Detail bei der Darstellung einer typischen Haltung der Gesamtfigur und deren Ausdruck (schlaff, entspannt, arbeitend, drohend usw.).

Für die Aktzeichnung ist die generelle Handhaltung wiederum wichtiger als eine spezielle Fingerstellung oder Sekundärformen wie z.B. die Fingernägel.

hohl und gespreizt

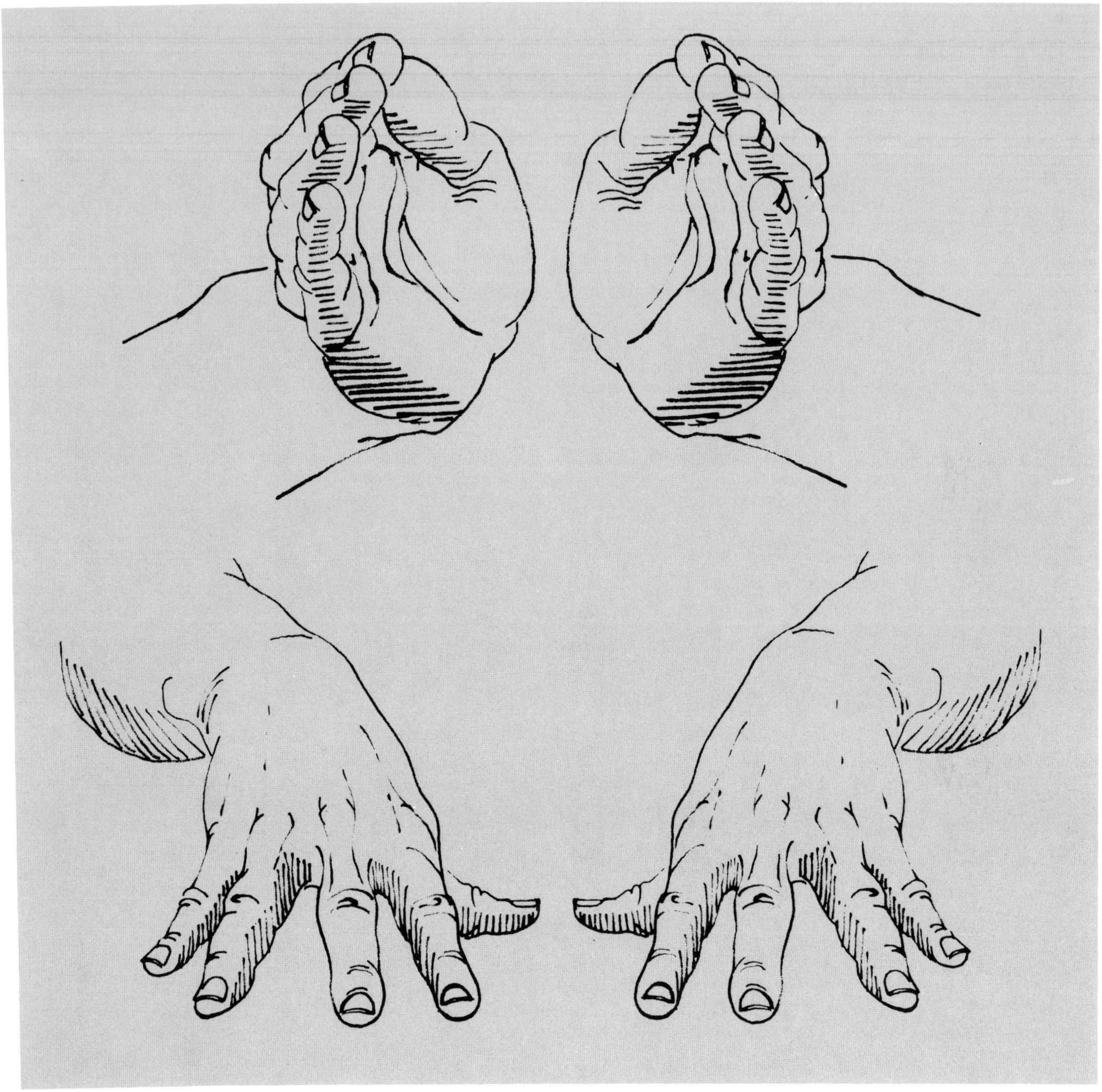

Knochenbau und Muskeln

Füße, Schema und Funktion

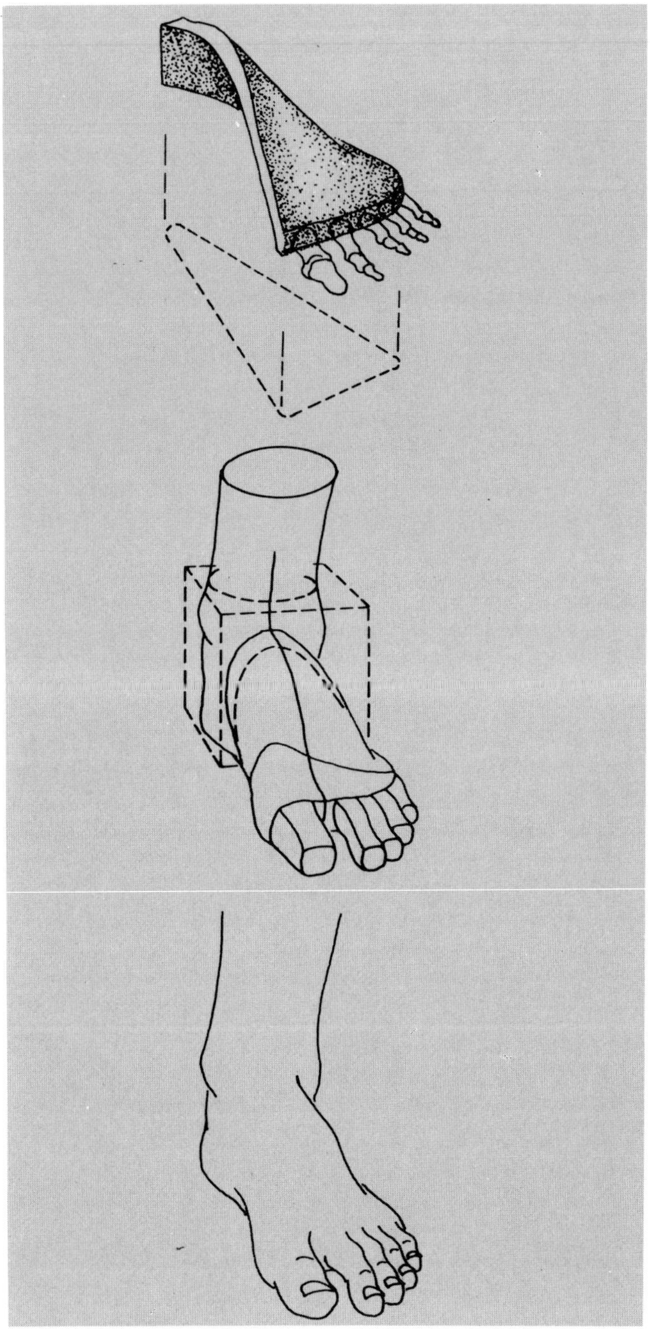

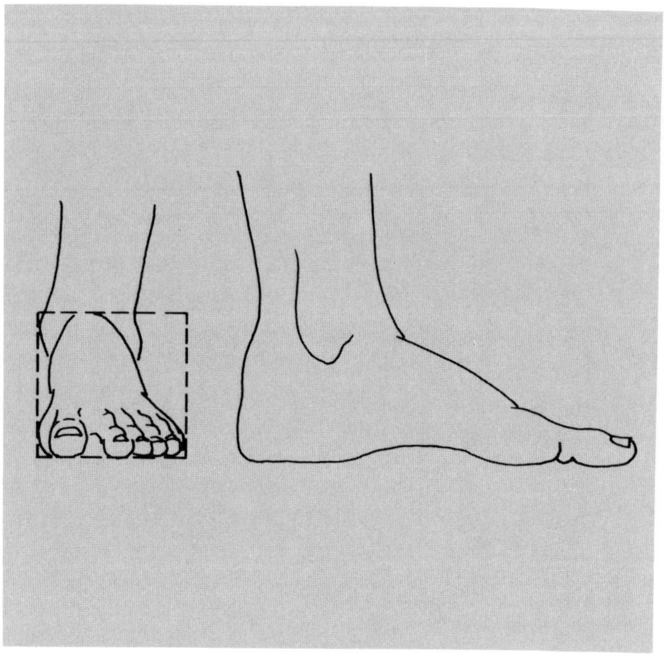

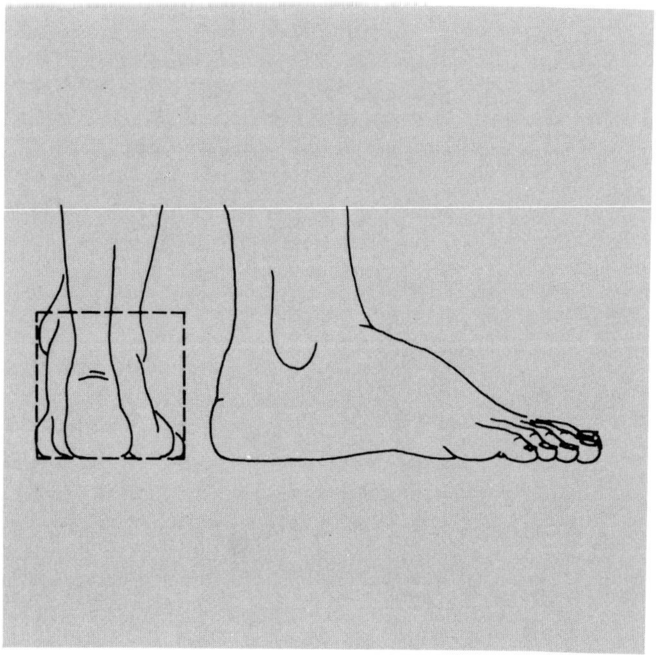

Die Form des Fußes wird vom Knochenaufbau mit seinen zahlreichen beweglichen Einzelknochen bestimmt. Ihre Anordnung gleicht der der Hand; die "Finger" liegen jedoch in einer Ebene, und der "Daumen" kann den übrigen vier Gliedreihen nicht gegenübergestellt werden.

Die Funktion des Fußes ist kein universales Greifen, sondern ein spezialisiertes Stützen. Hand und Fuß haben meistens die gleiche Breite.

Die Konstruktion liegt räumlich längs- und quergewölbt; im Grundriß erscheint sie als Dreieck.

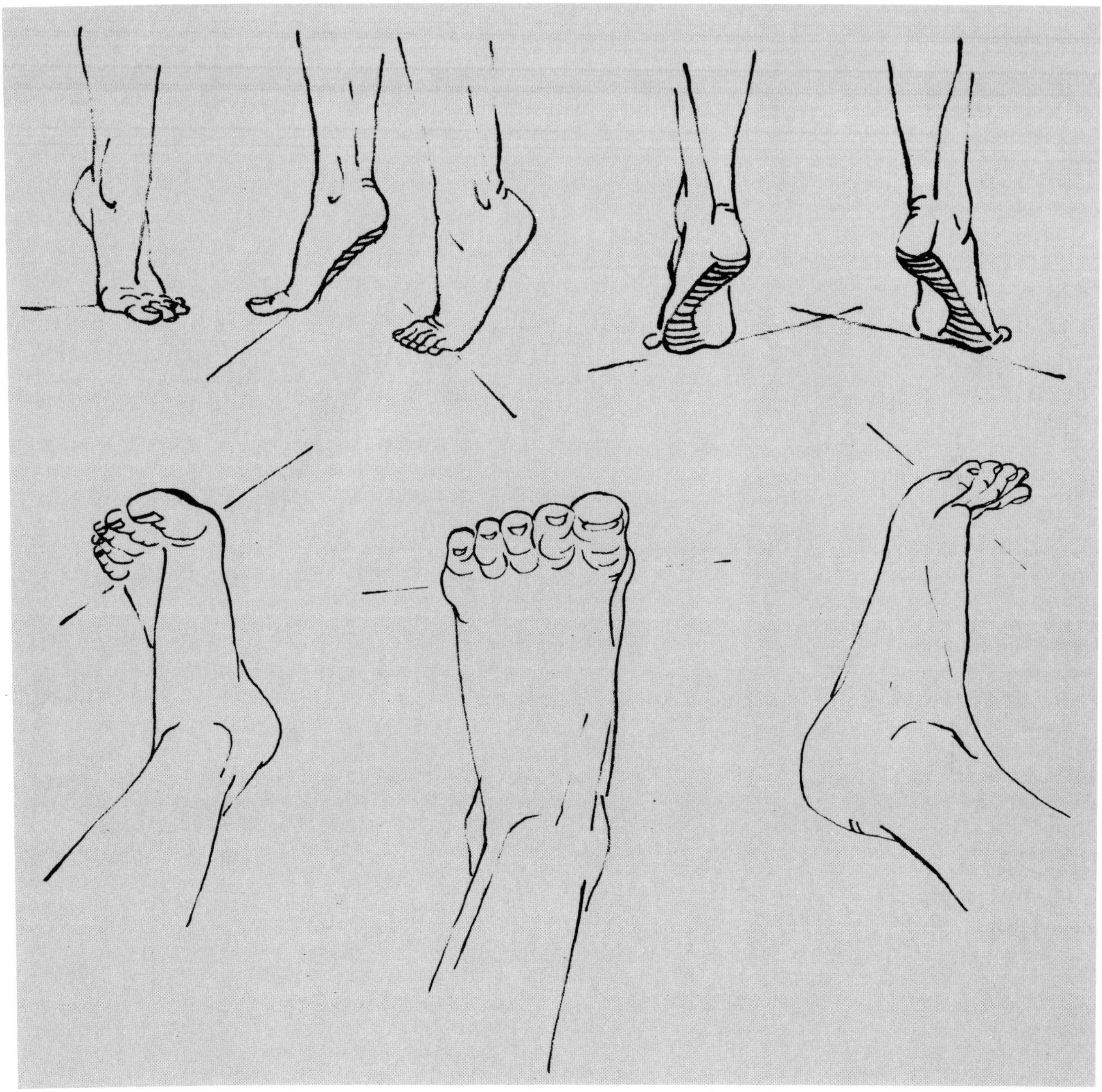

Der ganze Fuß ist ein federndes Bogensystem einzelner Gliedreihen, an der Sohle mit Muskel- und Fettgewebe gepolstert. Die Hauptbewegungen des Fußes und der Zehen führen jedoch die Muskeln des Unterschenkels aus. Nur ein Teil der Muskeln für Zehenbewegungen befindet sich direkt am Fuß.

Die Fußlänge erreicht beim Mann etwa ein Sechstel, bei der Frau ein Achtel der Körpergröße. Bei der Frau entspricht also ein Fuß der Kopflänge; der Fuß bei einem Mann ist dagegen etwas größer als seine Kopflänge.

Zeichenelemente

Formbeschreibung durch Punkte und Linien am Beispiel Kugel

Wir können nur dann ein Objekt zeichnerisch eindeutig darstellen, wenn seine Konturen, Strukturen oder Licht- und Schattenzonen erkennbar sind; am günstigsten ist es natürlich, wenn wir alle drei Qualitäten vorfinden.

Ein sehr anschauliches Beispiel ist die Kugel; wir zeichnen einen Kreis.
Dieser Kreis kann die Umrißlinie einer Kugel sein, aber auch einer Scheibe oder eines Loches. Unser Auge braucht also auf dem Zeichenblatt noch irgendeinen zusätzlichen Hinweis auf die eindeutige Bestimmung.
Durch Hinzufügen erläuternder Linien im zweiten Zeichenbeispiel wird dem Betrachter klar, daß es sich um eine Kugelform handelt, die schräg von unten gesehen wird.
In der dritten Zeichnung läßt die Oberflächenstruktur den Eindruck einer stacheligen Kugel entstehen.
Beim vierten Beispiel wird die Kugel durch Andeutung eines Eigenschattens plastisch erlebbar.
Schließlich wird der fünfte Kreis durch den Schlagschatten zeichnerisch in eine Kugel verwandelt.

All diese Zeichenelemente lassen sich auf das Aktzeichnen übertragen. Bei der Darstellung des menschlichen Körpers stoßen wir auf viele schwierige räumliche Formen und Übergänge, die wir mit einfachen zeichnerischen Mitteln für das Auge erfaßbar umformen müssen.

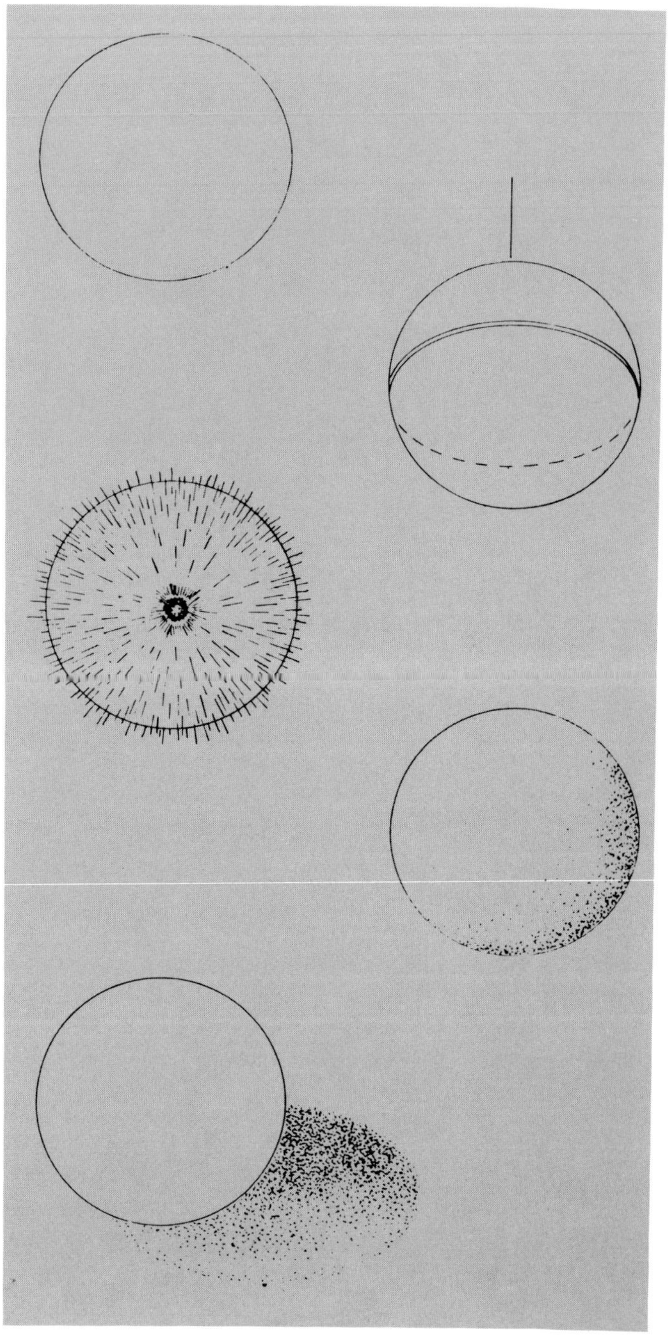

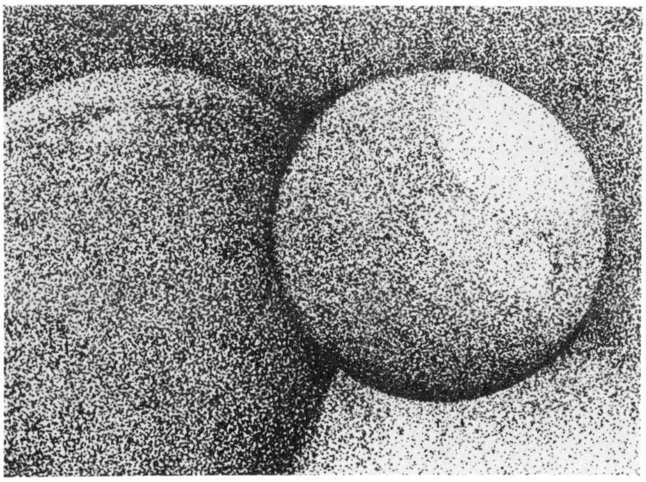

Formbeschreibung mit Punkten

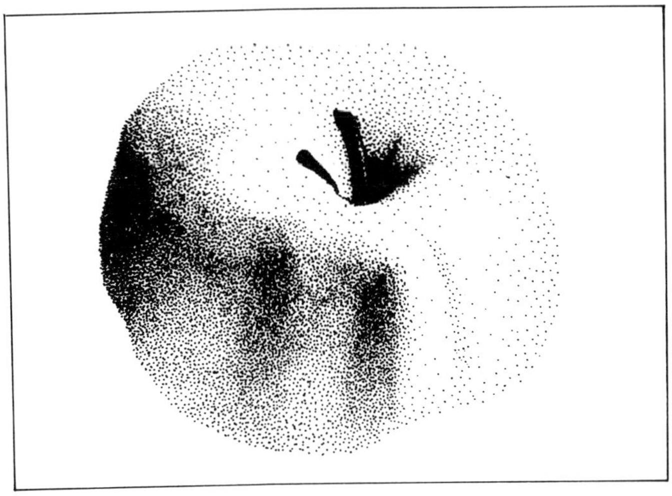

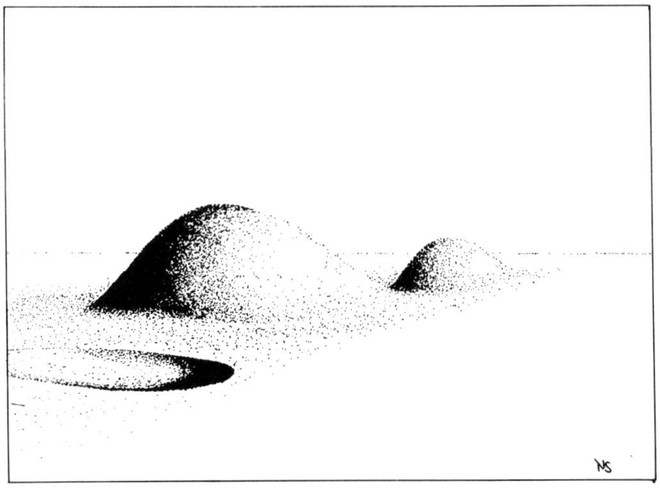

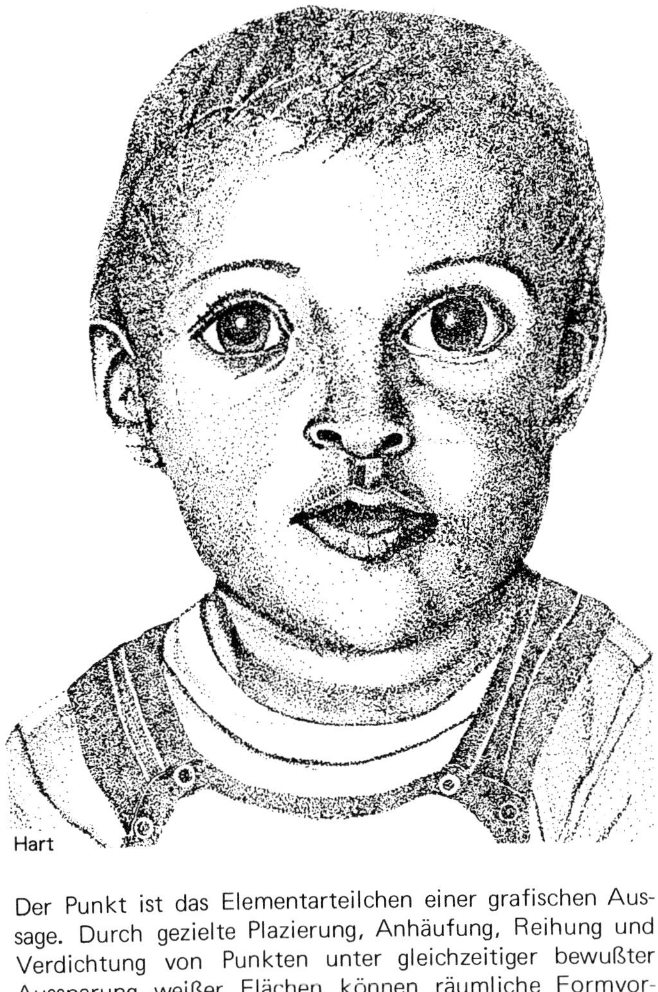

Hart

Kexel

Der Punkt ist das Elementarteilchen einer grafischen Aussage. Durch gezielte Plazierung, Anhäufung, Reihung und Verdichtung von Punkten unter gleichzeitiger bewußter Aussparung weißer Flächen können räumliche Formvorstellungen zu Papier gebracht werden. Ebene Flächen, Vertiefungen und Erhebungen, voluminöse Gegenstände und Körper aller Art lassen sich mit Punkten und viel Geduld auch von einem zeichnerischen Anfänger problemlos wiedergeben.

Da jeder beleuchtete Gegenstand eine Licht- und eine Schattenseite besitzt, bedeutet Zeichnen die Wiedergabe von Flächen und Krümmungen in unterschiedlicher Lichtintensität.

Wir müssen deshalb die Vielfalt von Farben, Materialien und Formen in unserer Umwelt auf den einfachen Kontrast von Hell-Dunkel-Werten reduzieren, bevor sie in grafische Zeichen (Punkt, Linie, Fläche) umgesetzt werden können.

Zeichenelemente

Oberflächenbeschreibung durch Punkte und Striche

Je nach Größe der Darstellung, Menge der eingesetzten Punkte, der Punktdicke und Differenzierung der Tonwerte lassen sich die gewählten Motive beliebig präzise durcharbeiten. Selbst Materialeigenschaften, Lichtreflexe und Oberflächenmodellierungen sind mit der Punkte-Zeichen-Methode imitierbar. In dieser Technik lassen sich auch beim Porträt- und beim Aktzeichnen feine Licht- und Schatten-Nuancen der Haut nachempfinden.

Nach einer vergleichbaren Methode wird auch beim Buch- oder Zeitungsdruck die Bild-Vorlage in Rasterpunkte aufgelöst.

Studentenarbeit

Zeichenelemente

Linie

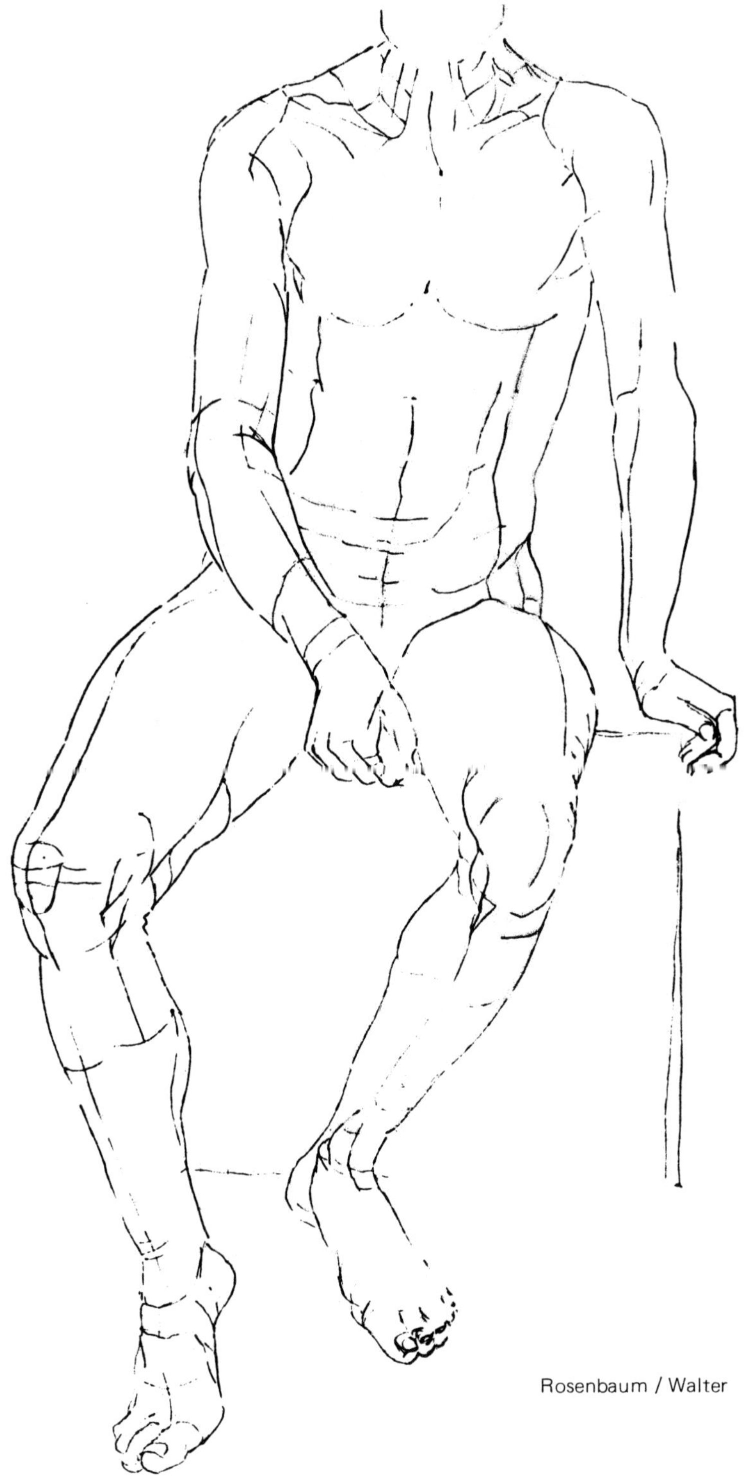

Rosenbaum / Walter

Die Darstellungsvarianten demonstrieren den Übergang von Punkten zu Linien und zu Flächen.

Das Auge stellt zwischen zwei einzelnen Punkten automatisch eine optische Verbindung her: die Gerade. Mehrere Punkte aneinandergereiht verstärken diesen Eindruck, schaffen eine Linie als Spur des sich bewegenden Punktes.

Den Zwischenraum zwischen zwei Linien empfindet das Auge als Fläche. Durch weitere Linien kann diese Fläche gegliedert und aufgeteilt werden.

Linien werden rhythmisch aneinandergereiht, wellen, verdichten oder weiten sich, schaffen Ebenen, Kanten, Körper, Erhöhungen und Vertiefungen.

Linien stoßen zusammen, überschneiden, überlagern, verketten sich und schließen sich zu **Flächen und Figuren**, erzeugen je nach Dichte unterschiedliche Tonwerte.

Linie und Fläche

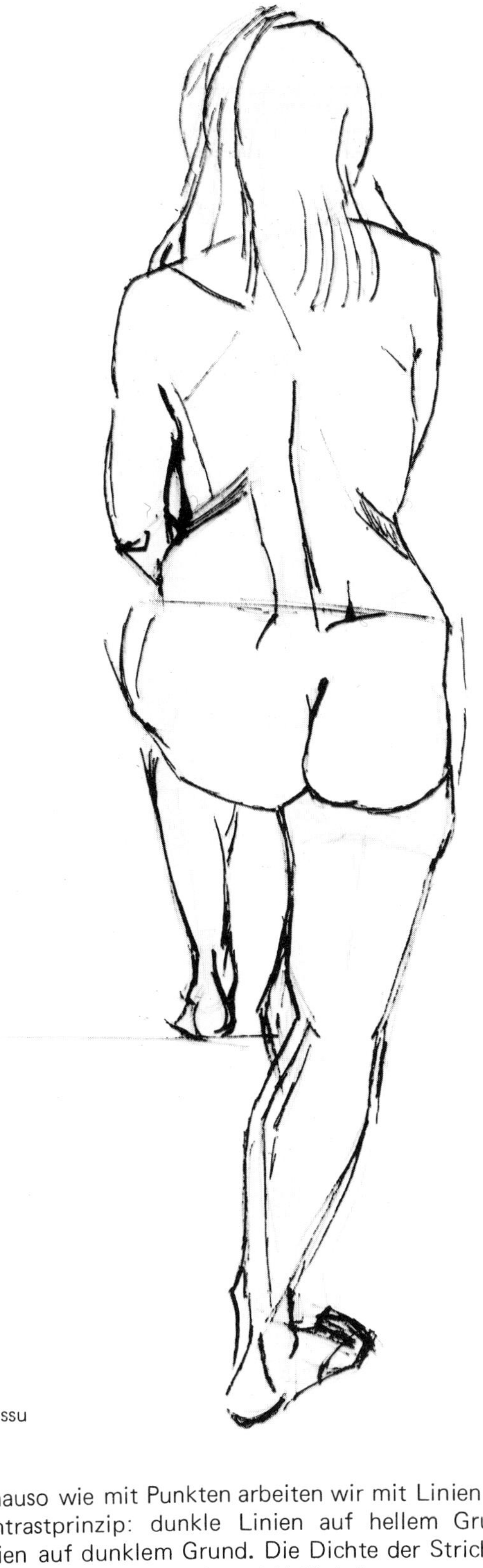

Moussu

Genauso wie mit Punkten arbeiten wir mit Linien nach dem Kontrastprinzip: dunkle Linien auf hellem Grund, helle Linien auf dunklem Grund. Die Dichte der Striche erzeugt die gewünschten Dunkel- und Helligkeitswerte.

Um wie in unserem Beispiel einen plastischen Körper mit Linien zu modellieren, gibt es drei grundsätzliche Möglichkeiten: Wir können die Oberfläche des Körpers durch Linienschraffur im Querschnitt oder durch gedachte Längsschnitte markieren wie im linken Beispiel S. 38; oder wir lassen, wie im Beispiel rechts, ein starkes Licht in geeignetem Lichteinfallswinkel von rechts oben über den Körper huschen und differenzieren die verschiedenen Flächen durch Verdichten und Weglassen der Striche zu Schwarz-Weiß-Flächen.

Zeichenelemente

Konturlinien

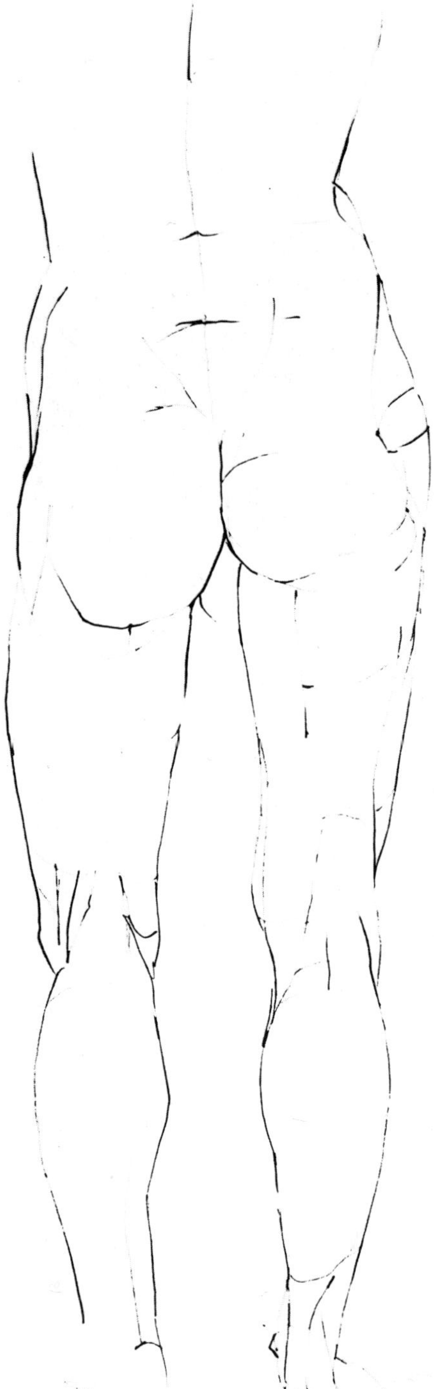

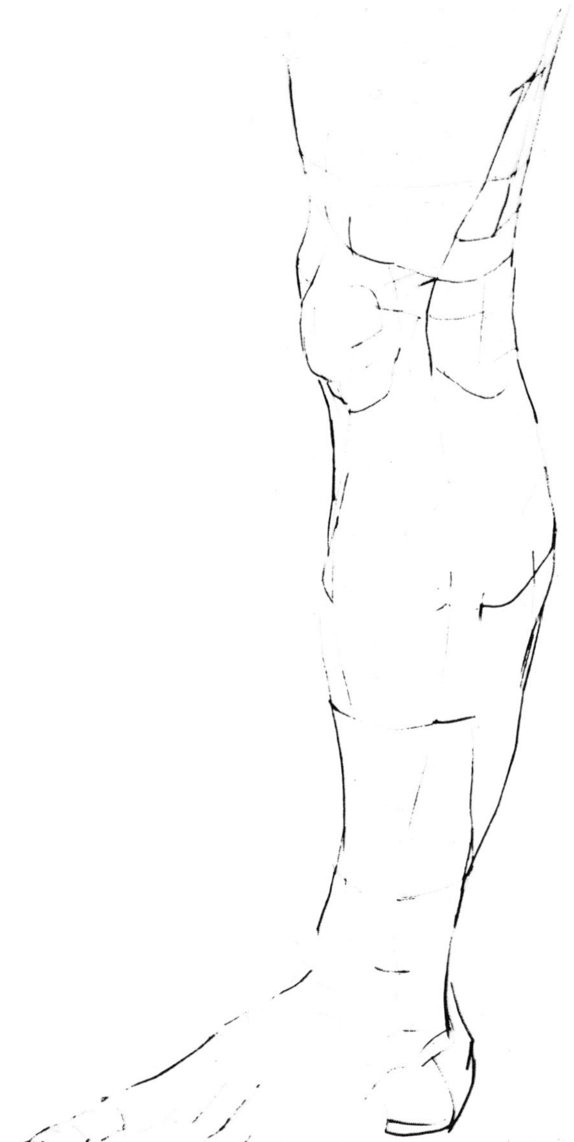

Rosenbaum

Was in den vorigen Beispielen mit großem Aufwand an Punkten und Strichen versucht wurde, die plastische Darstellung eines Körpers, gelang bei diesen Zeichnungen mit wenigen, sparsamen Linien und Konturen. Jeder einzelne Strich verlangt bei dieser Technik Sorgfalt und Konzentration und besitzt entsprechende Bedeutung.

Außer den Umrissen wird die Rundung des Beines betont durch exakt beobachtete Schnittlinien. Um ein Bild zu gebrauchen: Der Bleistift folgt der räumlichen Ausdehnung der Gelenke, Knochen und Muskeln wie ein Käfer, der über die Oberfläche krabbelt.

Das zeichnerische Ergebnis ist eine Studie der vielfältigen Flächenkrümmungen und Richtungswechsel, wie wir sie beim Aktzeichnen an allen Körperpartien feststellen können.

Hell-Dunkel-Kontrast

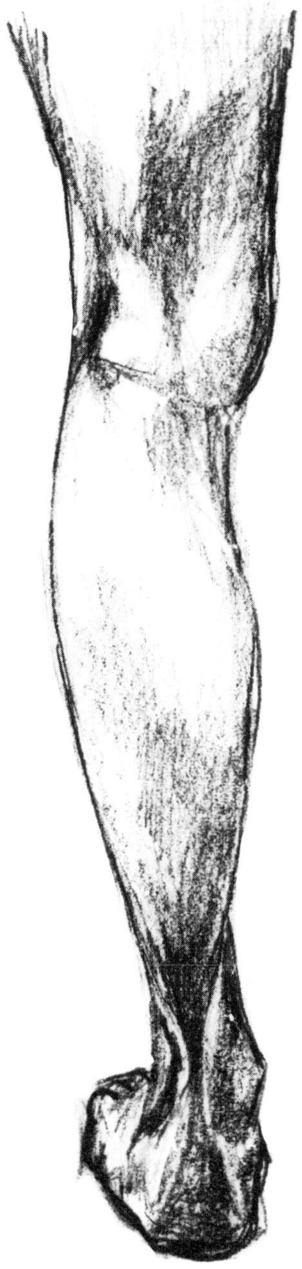

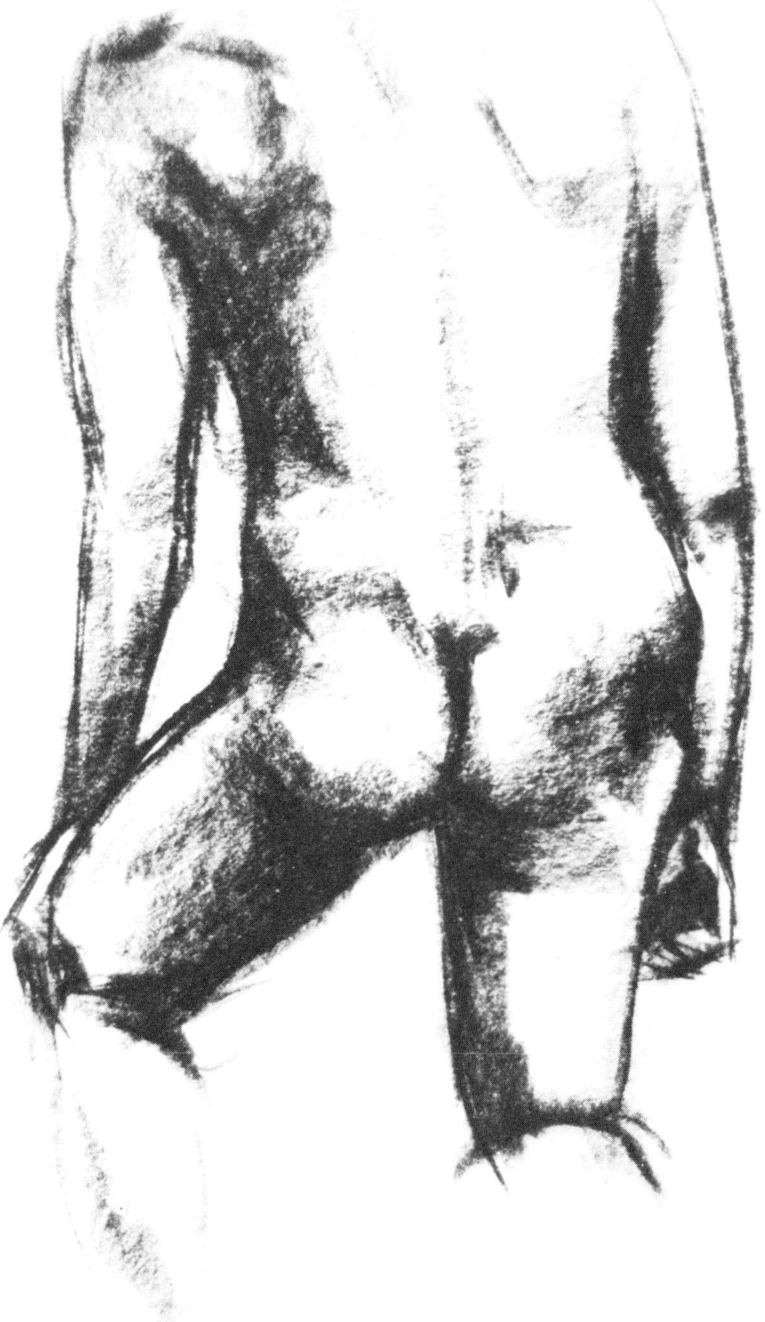

Studentenarbeit

Die Linie kann man als Summe aneinandergereihter Punkte ansehen. Mit gestreuten Punkten oder mit der Wisch- und Schummertechnik als Tonwert aufgetragen, lassen sich Hell-Dunkel-Zonen erreichen, mit denen sich die Flächen der Objekte gut darstellen lassen.

Im Gegensatz zur Konturzeichnung, für die allein der räumliche Umriß wichtig war, ist in der obigen Zeichnung dem Licht- und Schattenspiel alle Aufmerksamkeit gewidmet.

Die Bedeutung des einzelnen Striches tritt zugunsten der äußerst sorgfältigen Beobachtung und Darstellung von Helligkeitsunterschieden der Wölbungen, Furchen, Flächen und Ränder zurück.

Durch sensiblen, flächigen Einsatz eines weichen Bleistiftes, von Kreide und Kohle lassen sich die fließenden und sanften Hell-Dunkel-Übergänge der Haut vortrefflich wiedergeben. Vom hellsten Weiß des Papiergrundes bis zum tiefen Schwarz sind viele Grauwerte zu finden.

Grundübungen

Vorübungen

Was für das Zeichnen ganz allgemein gilt, nämlich nicht mit den Fingern verkrampft zu kritzeln, sondern mit zügigen Bewegungen aus dem Arm und der Hand heraus die Striche zu ziehen, gilt ganz besonders für das Aktzeichnen.

Wie ein Klavierspieler sich täglich mit Tonleitern und Fingerläufen einspielt, so können auch wir uns mit Konzentrations- und Lockerungsübungen auf das Aktzeichnen vorbereiten. Ellipsen, konzentrische und exzentrische

Konzentrieren und Lockern

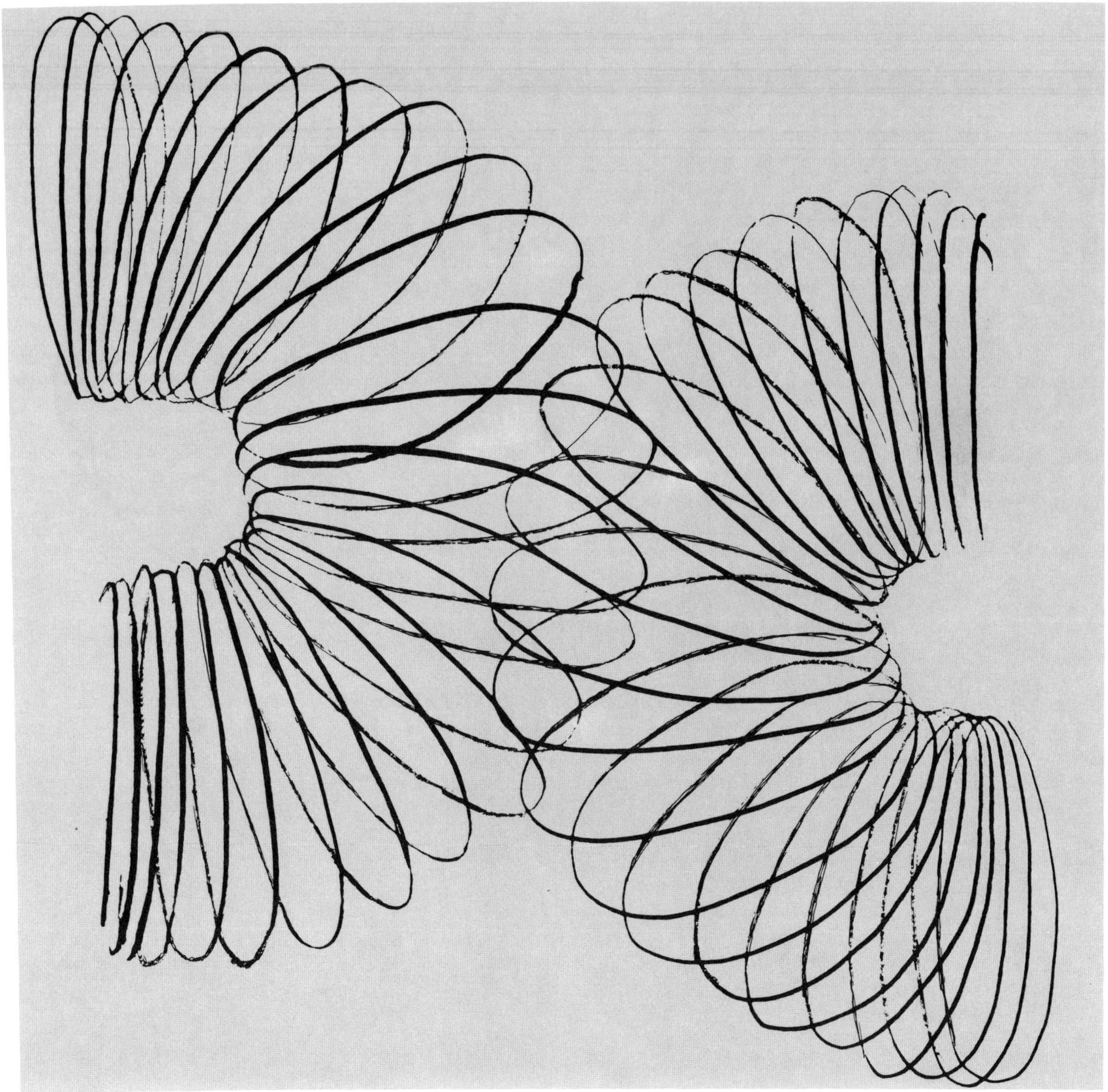

Kreise, Spiralen und Wellenlinien sind ideale Vorübungen. Wir bemühen uns dabei, mit dem Duktus der Hand durch Betonung und Reduzierung eine differenzierte Strichführung zu erreichen. Die Dicke und Intensität des Striches spiegelt den Belastungsdruck und die Bewegungs-Geschwindigkeit unserer Hand beim Zeichnen wieder. Ein dynamischer Strich kann wesentlich zur Räumlichkeit der Aktzeichnung beitragen.

Ellipsen und Spiralen

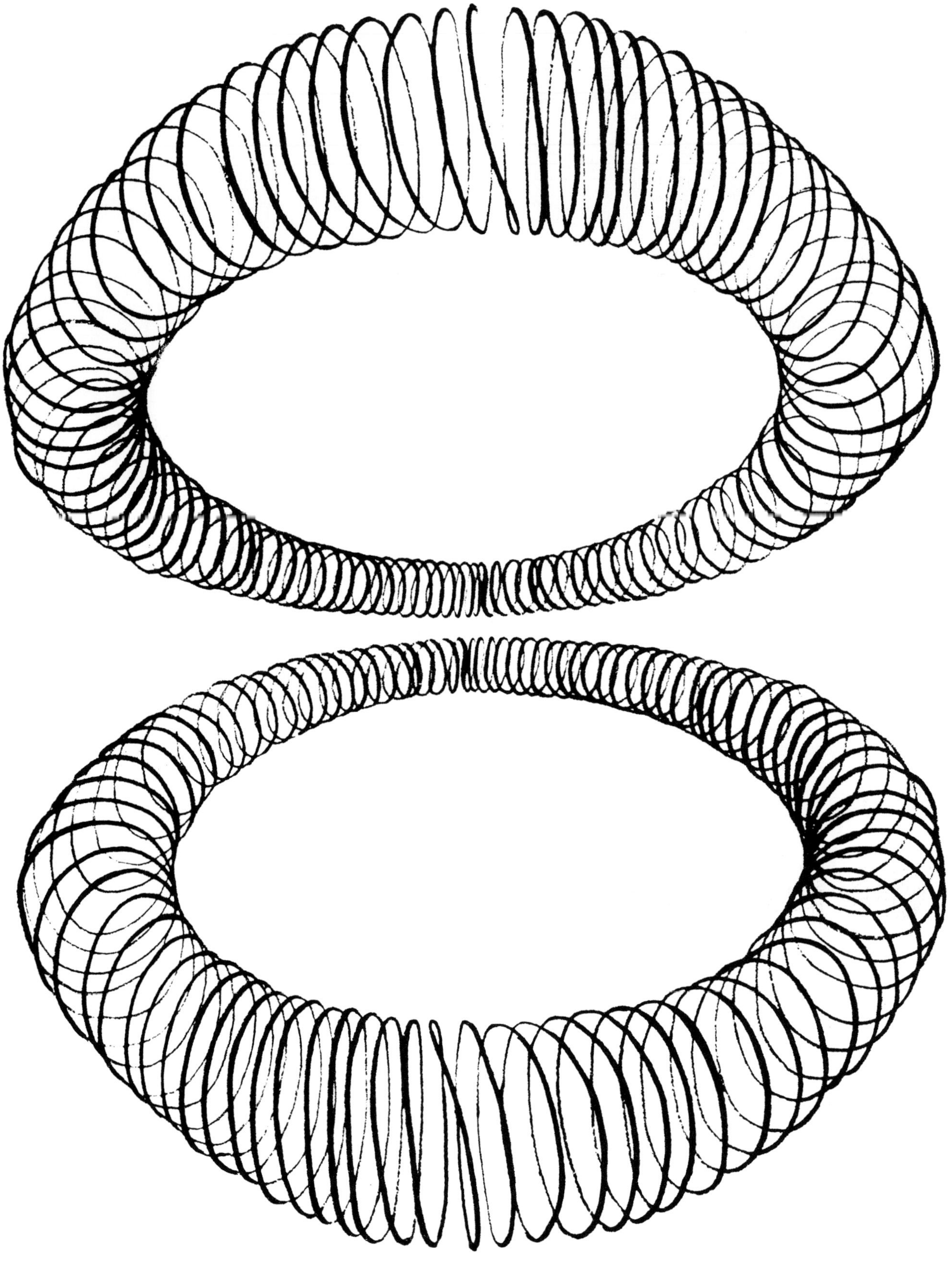

Grundübungen

Spiralen

Durch Richtungsänderung hebt sich die räumliche Figur von der ebenen Fläche ab. Bei Verwendung eines weichen Zeichengerätes wie Kohle oder Bleistift kann die Plastizität der Zeichnung noch durch An- und Abschwellen der Linien erhöht werden. (→ Abb. S. 47)

An- und abschwellende Linien

Zeichenübungen: Kopf

Kopf und Haare, glatt und gebunden

Brandi

Heinemann

Voerkelius

Fuchs

In Zeichenübungen von Haaren werden die Vorübungen der Wellenlinien am konkreten Studienobjekt "Kopf" angewendet und erstmals die Beobachtung geschult.

Jetzt findet auch der entscheidende Übergang von der Phantasie zum Naturstudium statt. Die gemachten technischen Erfahrungen aus Zeichenelementen und Grundübungen gilt es jetzt umzusetzen und anzuwenden.

geflochten

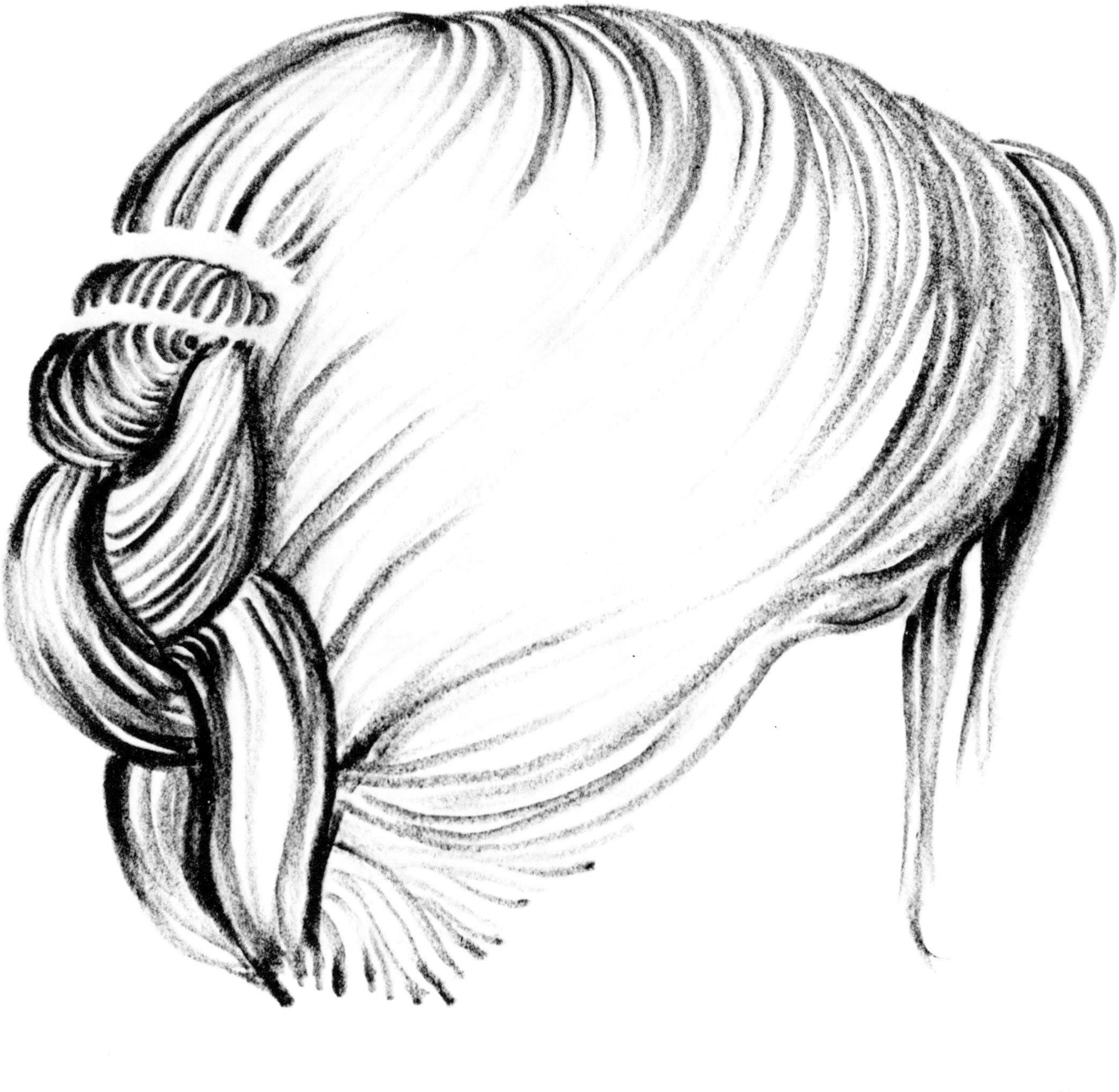

Hansen

Die Frisur ist insofern wichtig, weil sich an ihr die Kopfform und die Kopfhaltung ablesen läßt und sie dadurch zu einem typischen Merkmal wird.

Es ist nicht nötig, jedes einzelne Haar zu zeichnen. Wir sind gezwungen, die Haarform auf das Wesentliche zu reduzieren, zu abstrahieren und nur das Typische des jeweiligen Kopfes wiederzugeben: strähnig glatt, gewellt, gelockt, gekräuselt, geflochten usw. Die Kopfform darunter sollte nicht nur erkennbar bleiben, sondern eher noch betont werden.

Gewellte Haare

Mantel

Offene und gewellte Haare

Klemm

Glatte und gewellte Haare

Zimmermann

Studentenarbeit

Zeichenübungen: Kopf

Konstruktionshilfen – Schädel

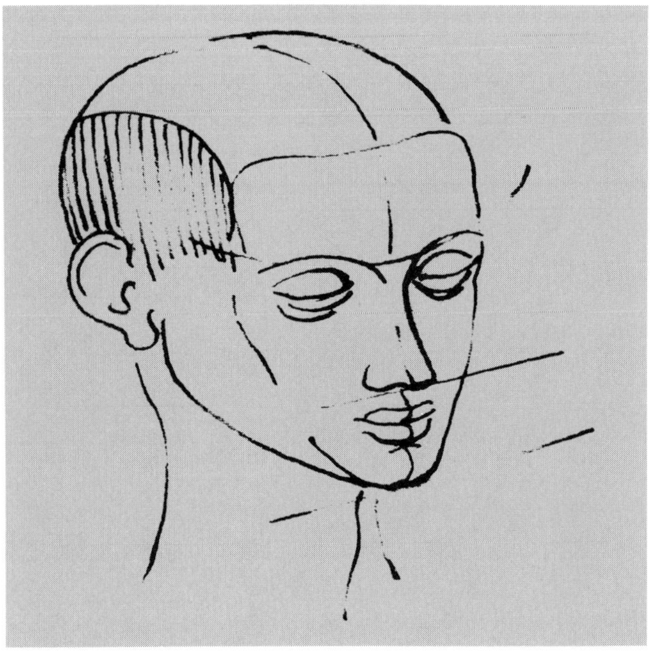

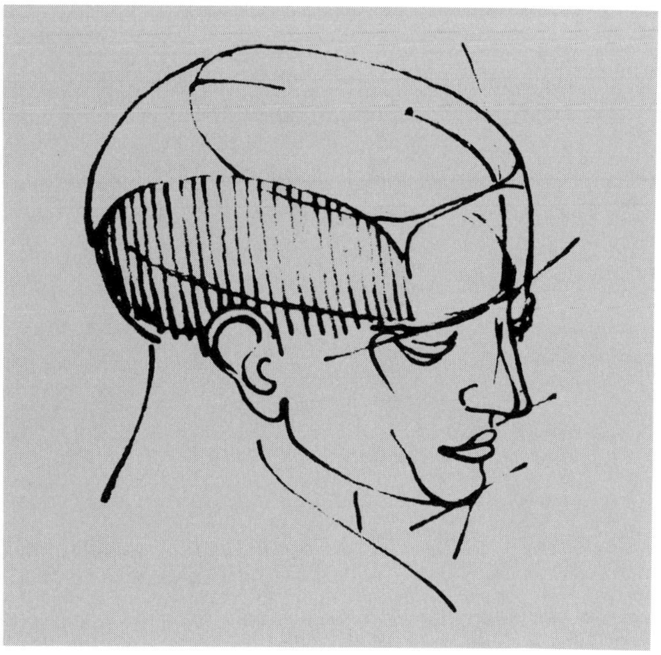

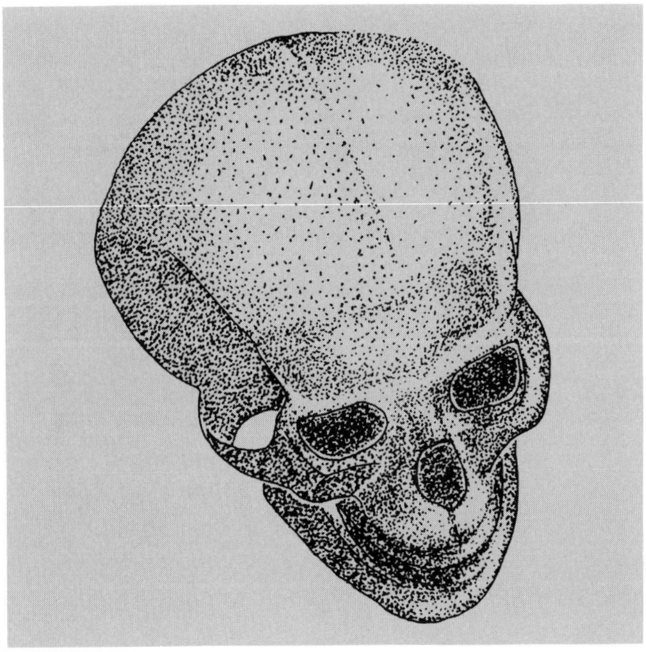

Nach Beobachtungen des äußeren "Kleids" des Kopfes ist es notwendig, auch den inneren Aufbau des Schädels zu studieren, um daraus Konstruktionshilfen abzuleiten.

Als Zeichenhilfe kann man sich den Schädel als "Schachtel" vorstellen: mit gewölbter Schädeldecke und schrägliegenden Stirn- und Schläfenflächen. Auf diese Weise läßt sich der Kopf in allen Schräglagen perspektivisch leicht erfassen.

Die Knochen des Schädels sind nur mit wenig Fleisch und Haut überzogen und bilden sich am Kopf markant ab.

Die Kopfhaltung ist als Ergänzung zur übrigen, typischen Körperhaltung wichtig.

Für die Abbildungen wurden durchschnittliche Porportionen gewählt; individuelle Kopfformen können deshalb stark davon abweichen.

Kopfhaltungen

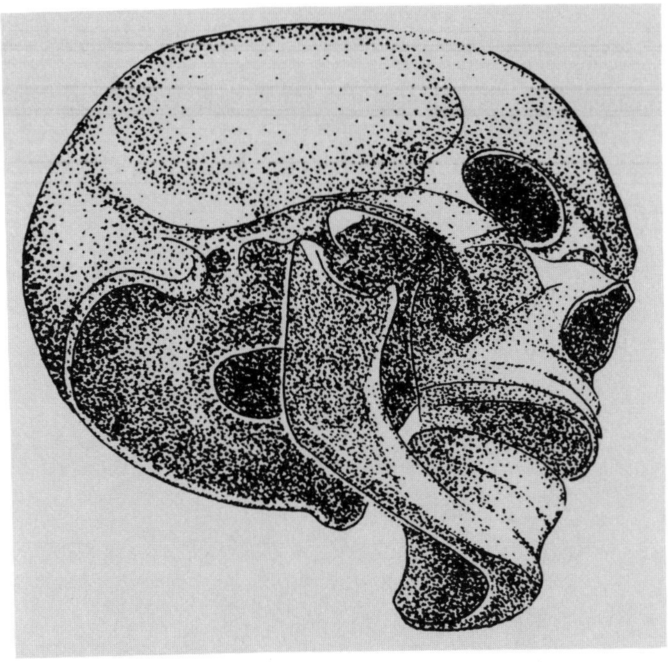

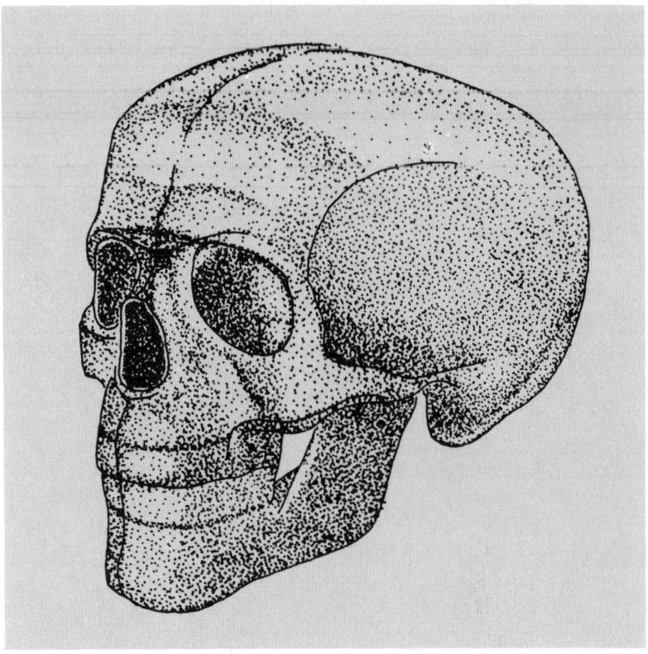

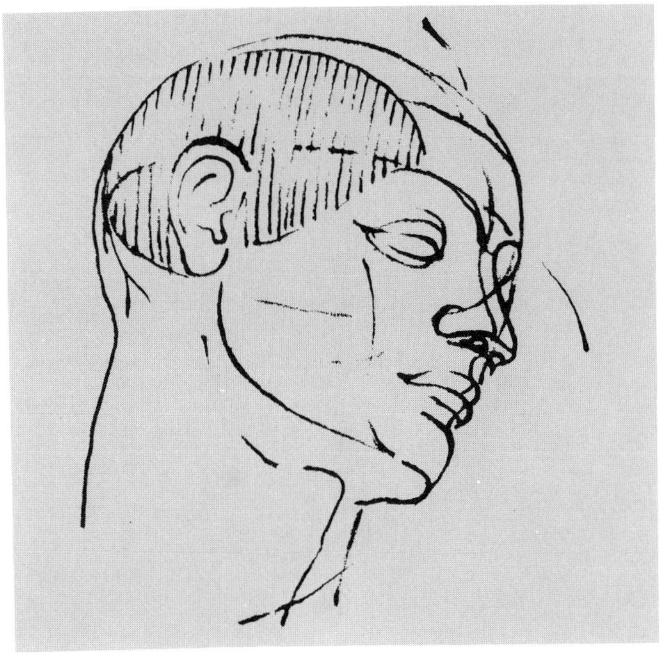

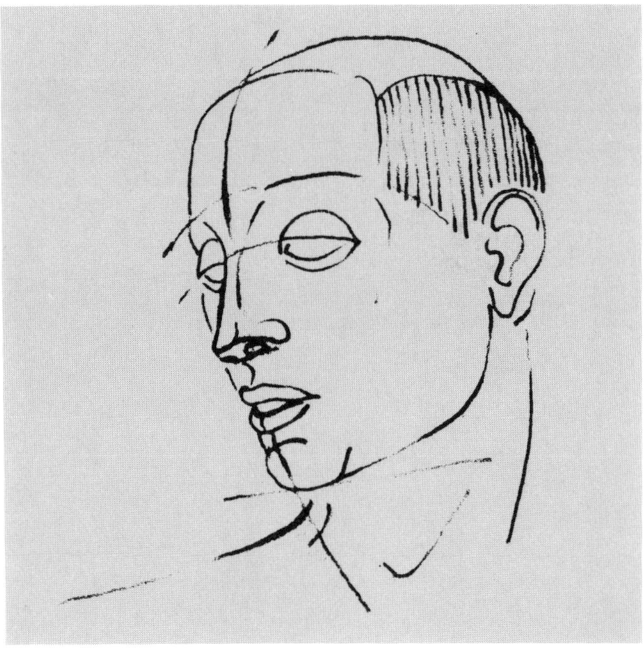

Wir müssen versuchen, die gewölbten Flächen der Schädeldecke, der Stirn, der Schläfen und der Wangen zu vereinfachen, um Achsen und Umrißlinien der Kopfform als Hilfslinien zu erkennen. Erst wenn uns Aufbau und Konstruktion des Schädels geläufig sind, empfiehlt es sich, Haare, Augen, Falten und Bart hinzuzufügen.

Im Gesicht spiegelt sich die Individualität des Menschen am deutlichsten wieder. Deshalb weichen auch die Kopfformen und -Proportionen sehr stark voneinander ab.

Körperhaltung und Konstruktionshilfen

beim Sitzenden

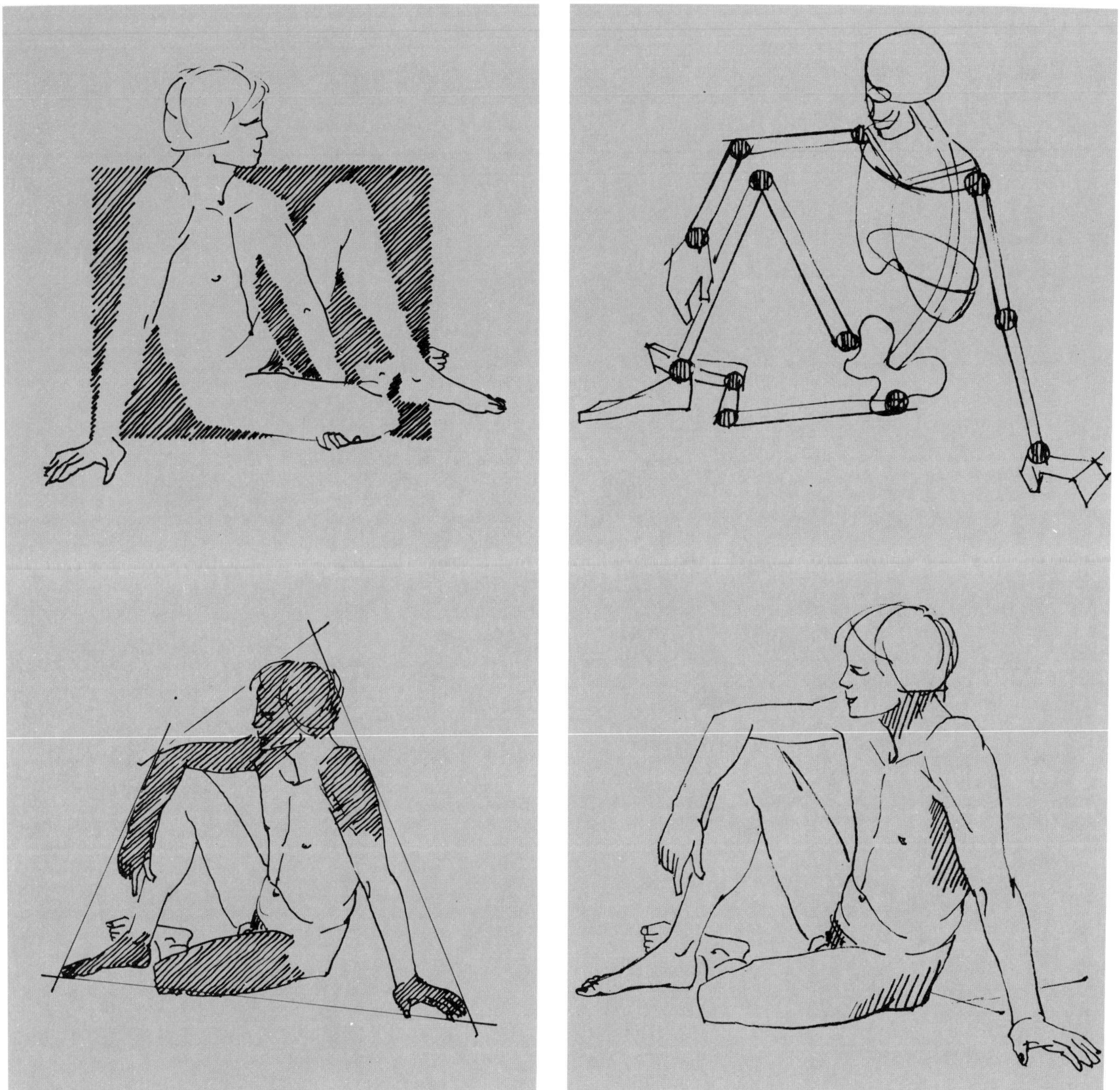

Wie und wo fange ich das Lernen an? Das ist die übliche Frage, die sich jeder Lernende am Anfang stellt. Eine brauchbare Vorübung ist das Zeichnen von bekleideten Personen in unserer Umgebung. Figuren als Ganzes, vorerst ohne Details wie Gesicht und Finger etc., nur mit ihren charakteristischen Formen skizzieren: stehend, sitzend, liegend.

Skelett und Richtung, Plastischer Aufbau

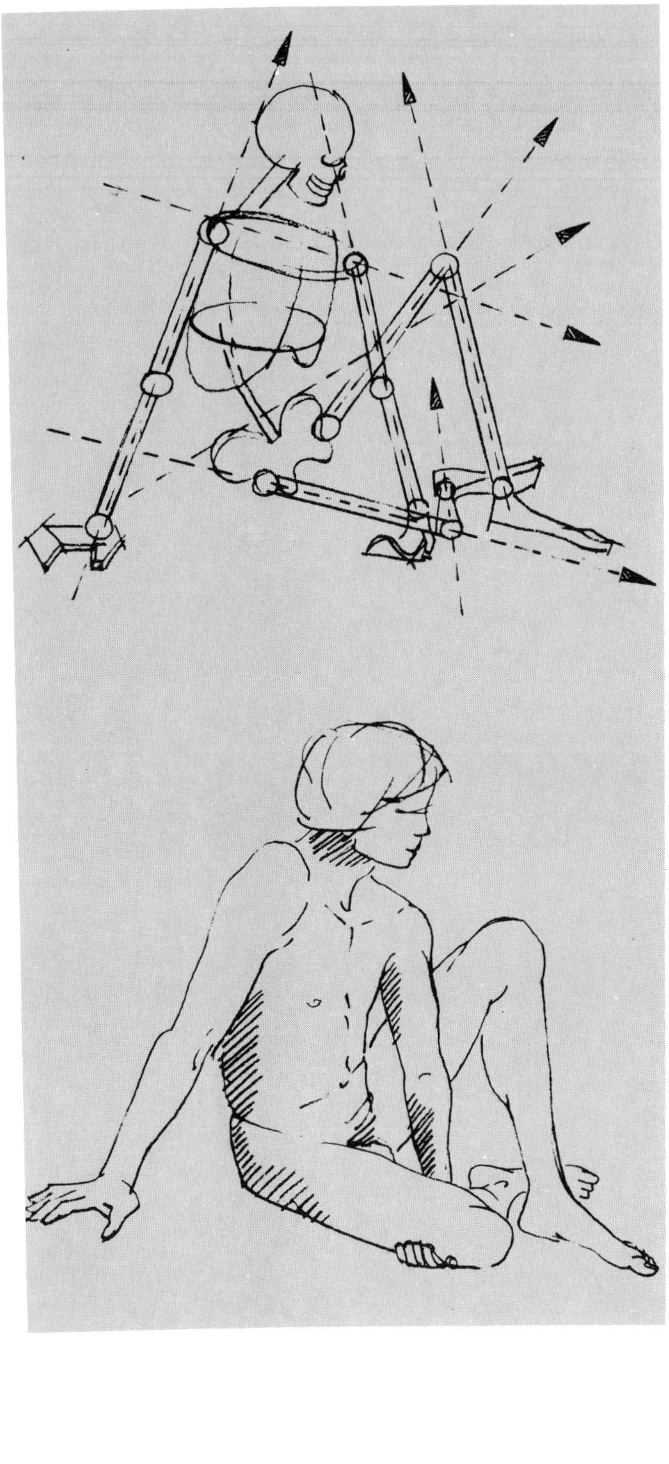

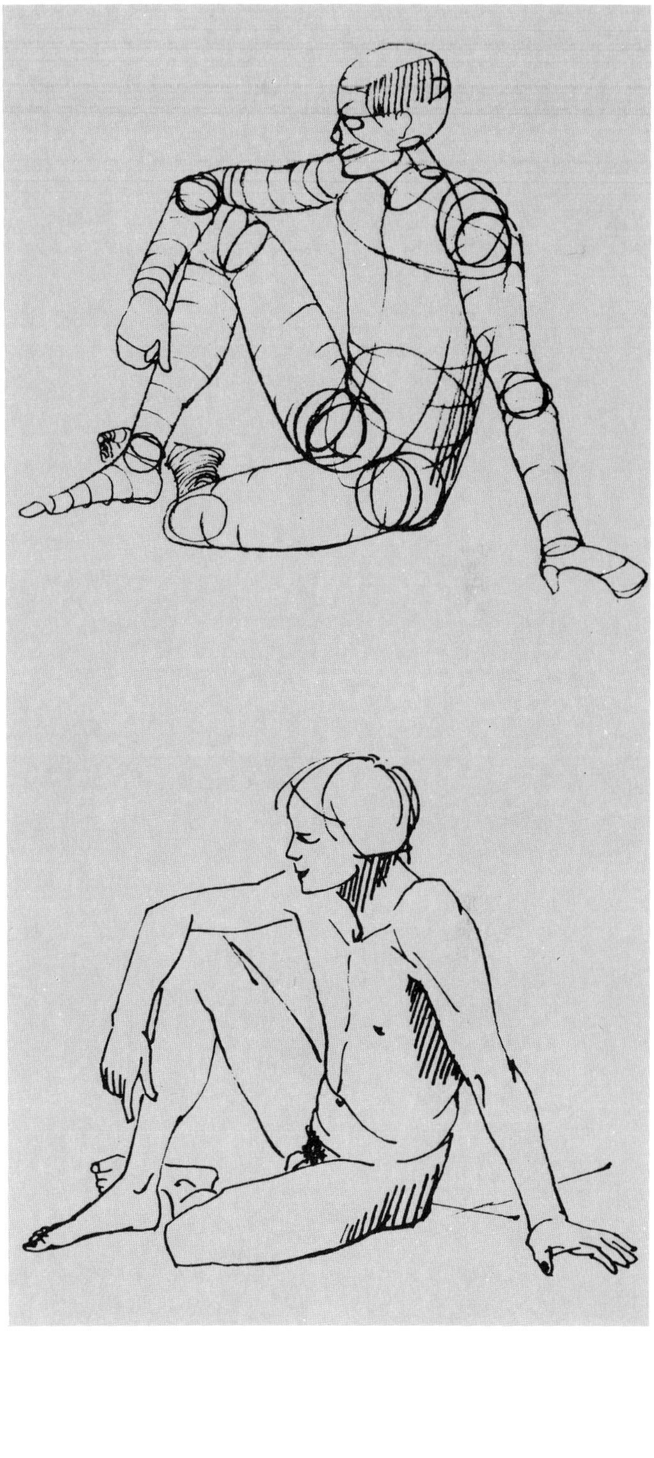

Die folgenden Beispiele geben Anregungen zu Zeichenhilfen als "Konstruktions-Methoden": Skelett; Skelett und Richtung; plastisch; kubisch; Lufträume, Durchblicke; Umhüllung, Umriß; Grundriß.

Diese Skizzen analysieren, wie sich eine komplizierte Gesamtform aus erfaßbaren Teilstücken zusammenfügen und sich mit Hilfskonstruktionen eine Möglichkeit für Korrekturen finden läßt.

Körperhaltung und Konstruktionshilfen

Lufträume, Durchblicke. Kubischer Aufbau

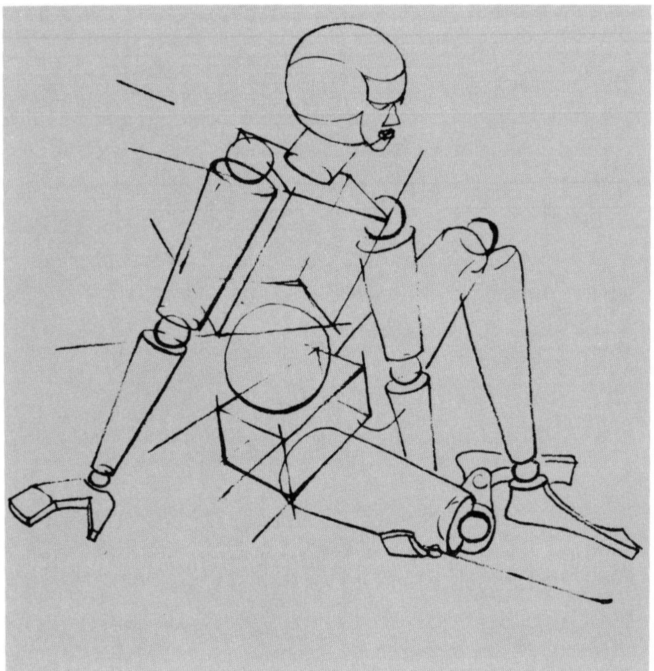

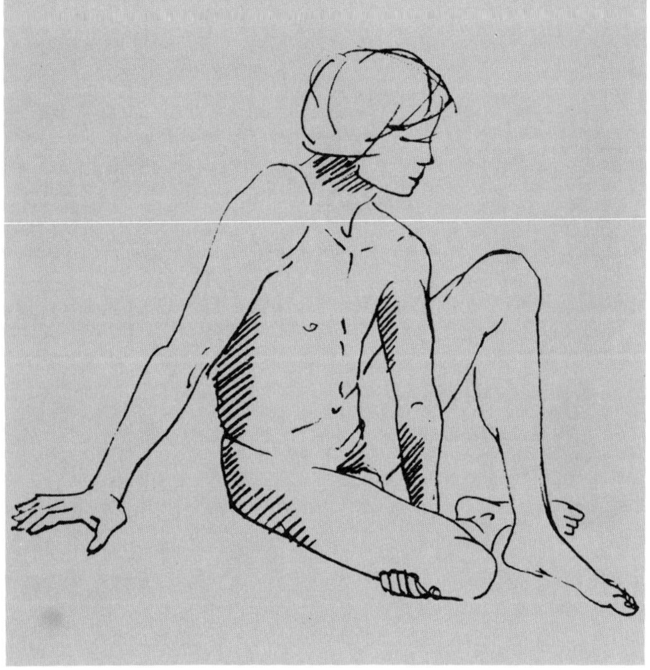

Wir dürfen dabei aber nicht übersehen, daß das Ganze mehr als nur eine Summe von Teilen ist.

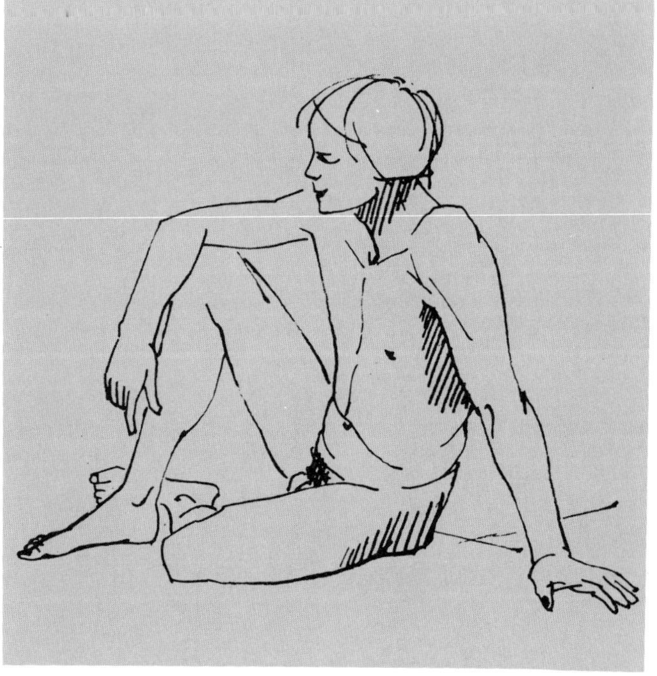

Ein Akt darf keine abstrakte Addition von Kopf, Rumpf, Armen und Beinen werden, sondern ein harmonisches G a n z e s , das sich in Kopf, Rumpf und Beine gliedert.

Umhüllung, Umriß. Grundriß

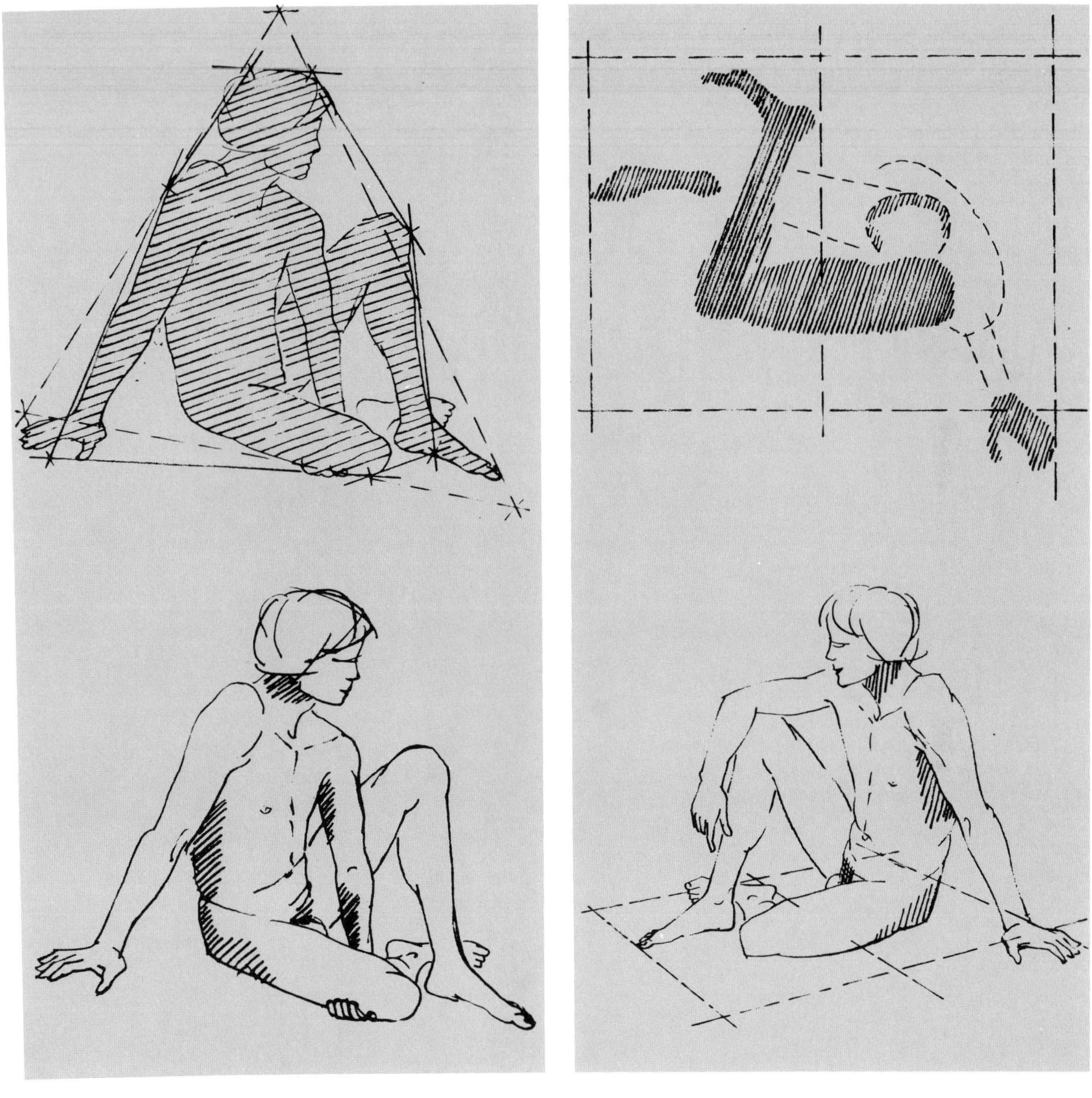

Die gezeigten Methoden sollten sich auf Grundüberlegungen, Korrekturansätze und Vorübungen beschränken; sie könnten sonst den Aktzeichner durch Vorbilder aus Skelettmännchen, Gliederpuppen und steifen Silhouetten befangen machen. Stellen wir uns unvoreingenommen unsere Skizzen als konzentriert gezeichnete Arbeitsstudien vor, um einem Erfassen und Verstehen des menschlichen Körpers näherzukommen; seinem Wesen, dem Wesentlichen, dem Stofflichen, den Proportionen, Dimensionen; seinen Richtungen und Formen, seinen Bewegungen und Perspektiven.

Körperhaltung

Schwerpunkt und Lot, Stehende

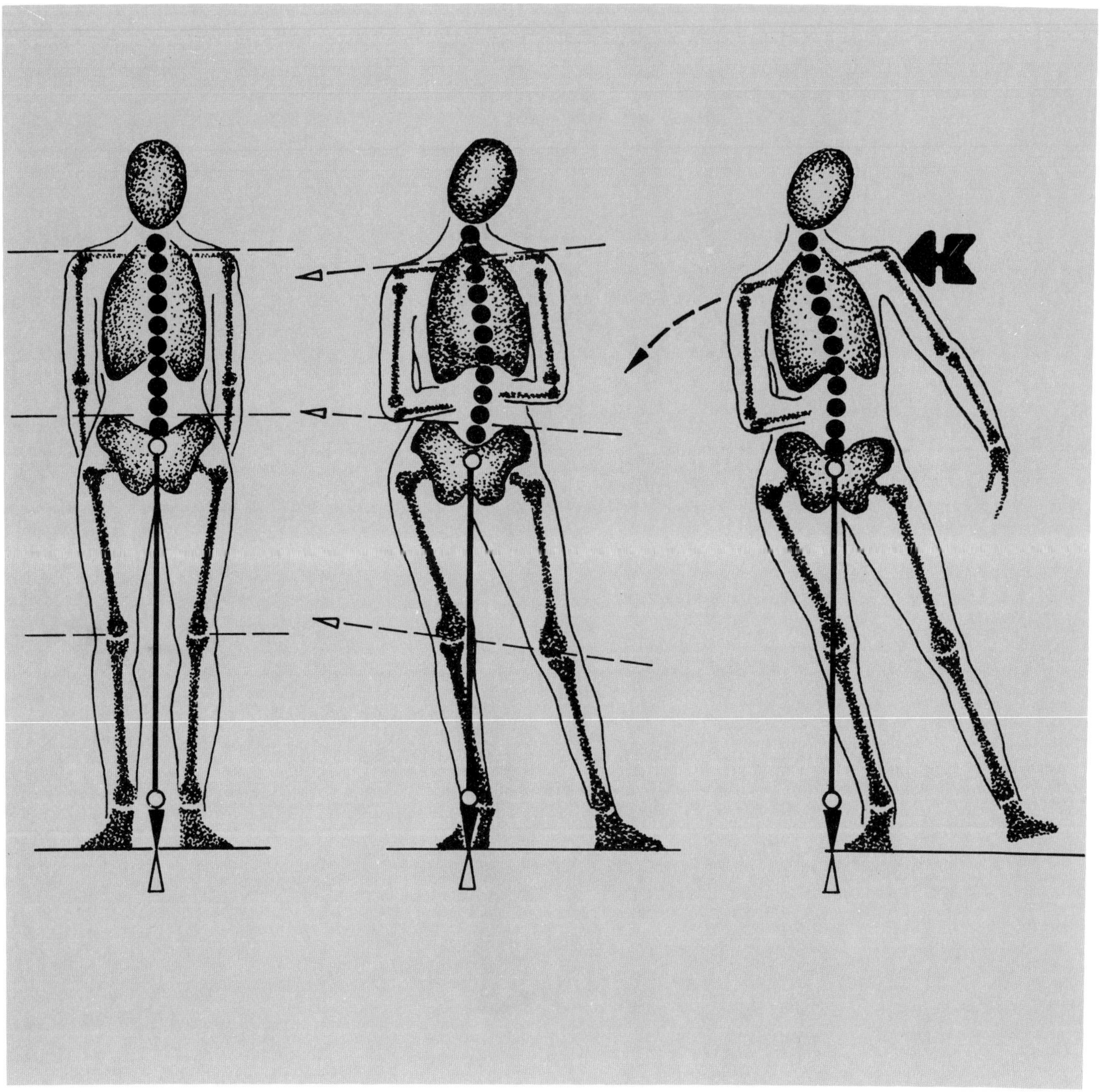

Eine Person in Grundstellung steht gleichmäßig lastverteilt auf beiden Beinen; die Verbindungslinien zwischen den Kniegelenken, Hüft- und Schulterpunkten verlaufen parallel. Die Lotlinie liegt zwischen den Fußpunkten.

Fällt die Lotlinie vom Schwerpunkt ausgehend innerhalb der Standzone auf den Boden, dann ist der Körper im Gleichgewicht. Verlagert sich jedoch die Lotlinie außerhalb dieser Zone, dann fällt der Körper um.

Kontrapost

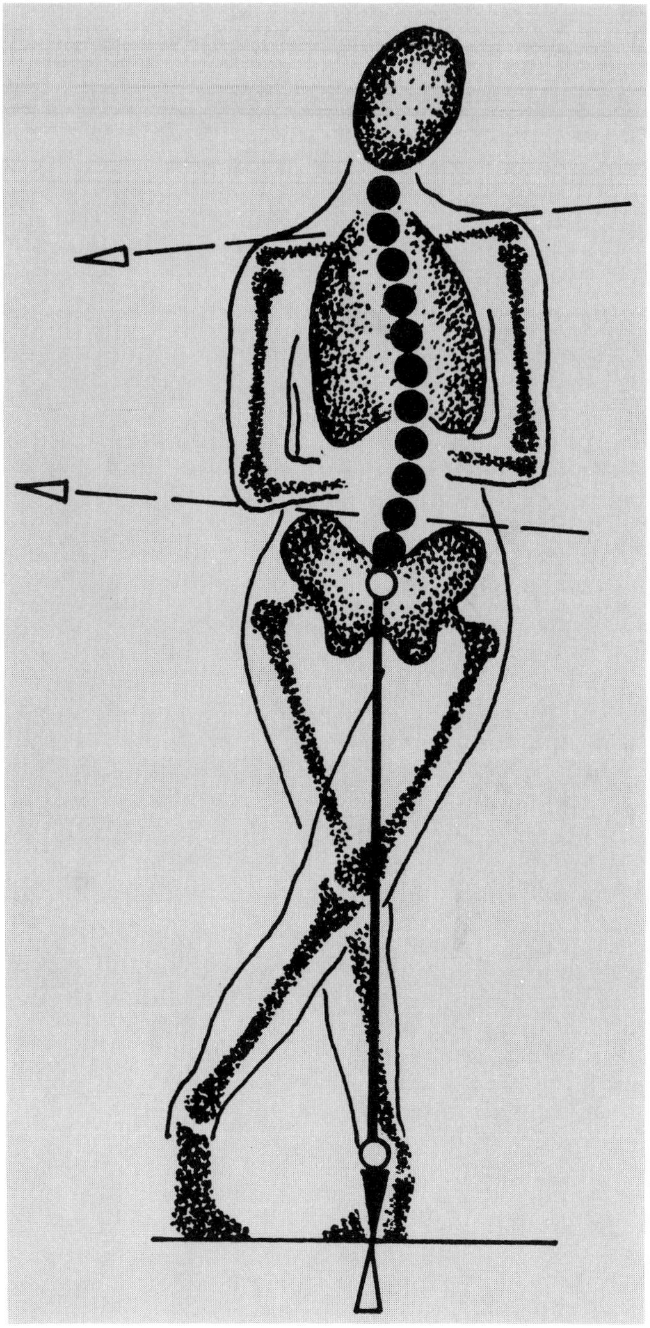

Mit entsprechenden Körperhaltungen läßt sich ein Gleichgewichtsausgleich (Kontrapost) erzielen. Die Verbindungslinien zwischen den Kniegelenken, Hüft- und Schulterpunkten verlaufen dann nicht mehr parallel.

Körperhaltung

Spielbein, Standbein

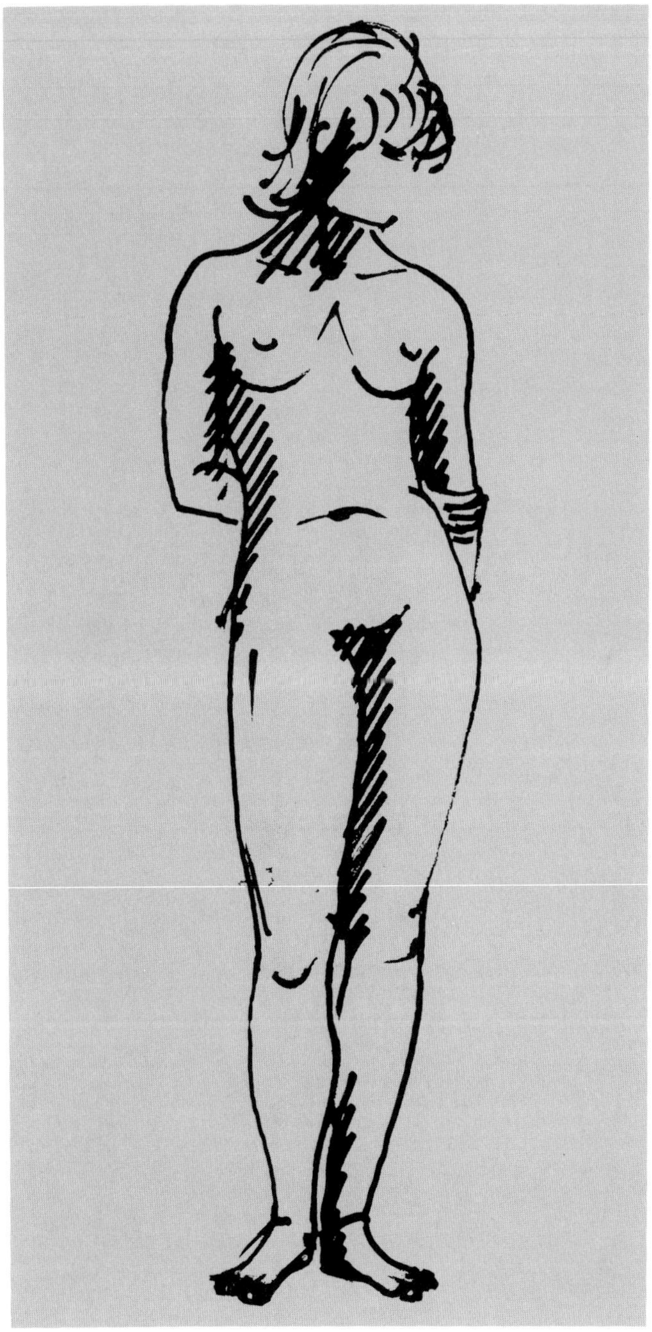

Bei der Spiel- und Standbeinhaltung sehen wir den Gleichgewichts-Ausgleich; der Schwerpunkt ist über das Standbein verschoben, und die Verbindungslinien bekommen jetzt Fluchtpunkte.

Unterschiede Mann – Frau

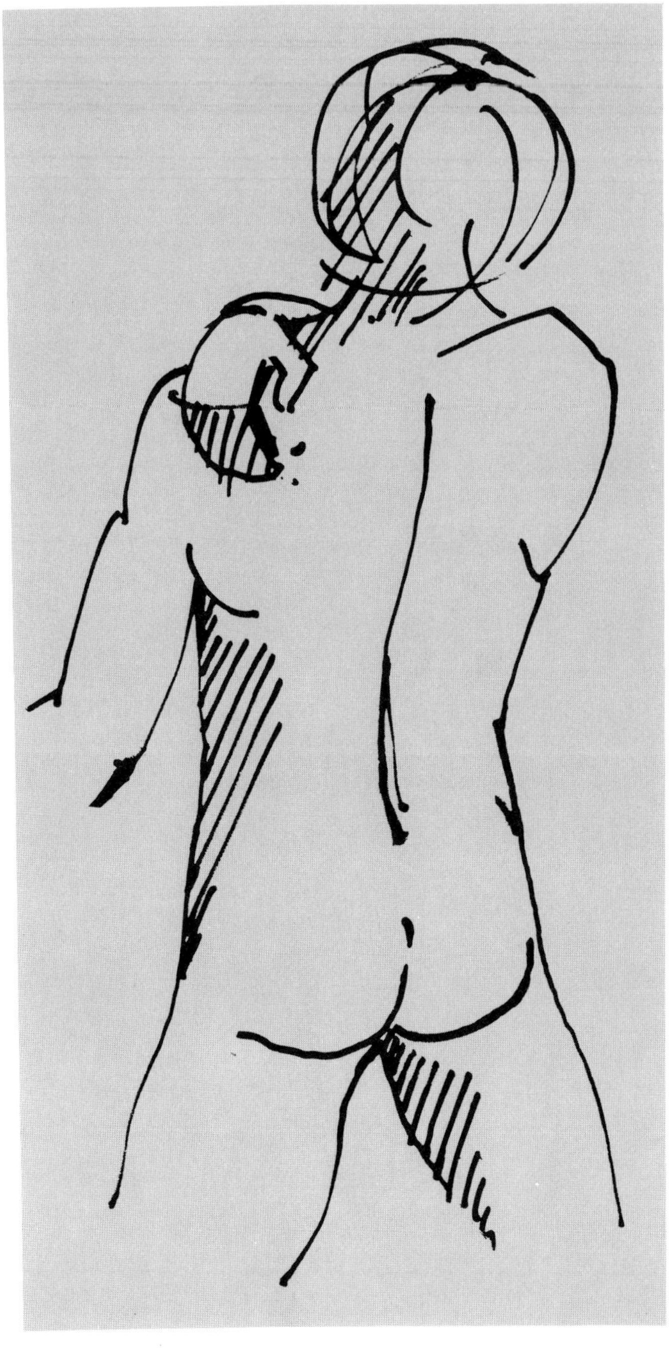

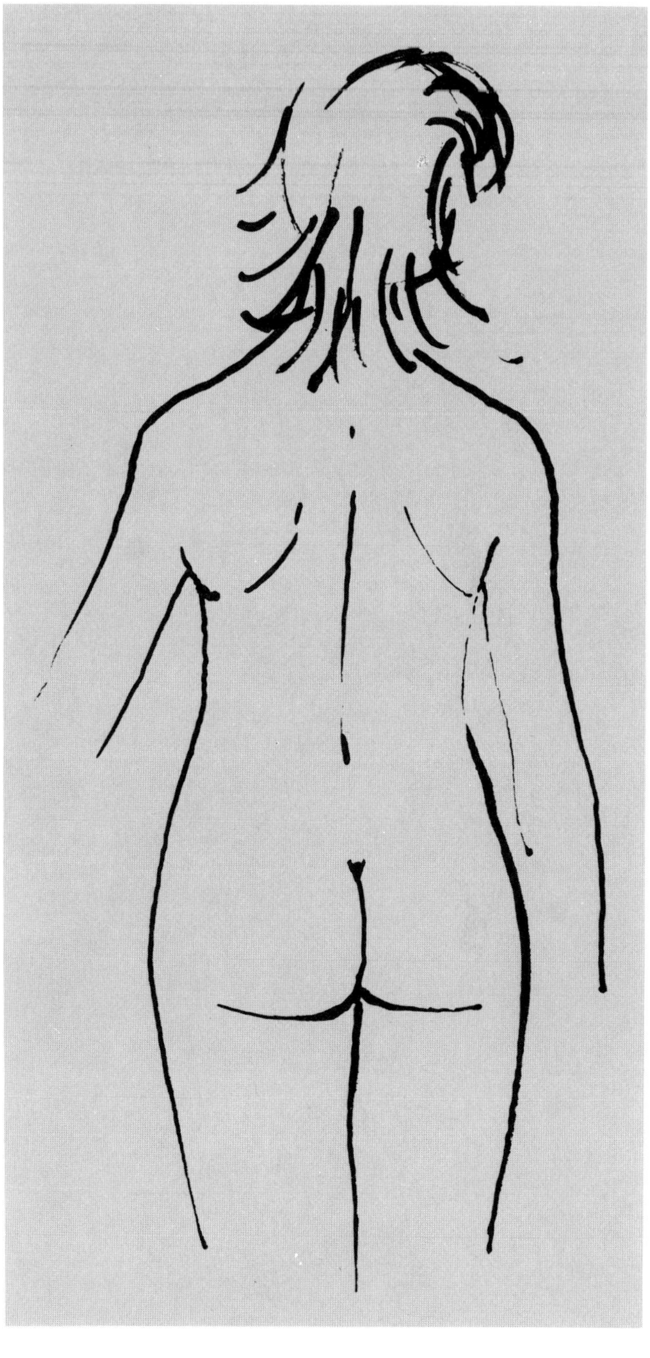

Die Unterschiede im Knochenbau, in den Muskelpartien und im Fettgewebe bei Mann und Frau kommen als deutliche Formvariationen der plastischen Anatomie zum Ausdruck.

Körperhaltung

Wahre Längen

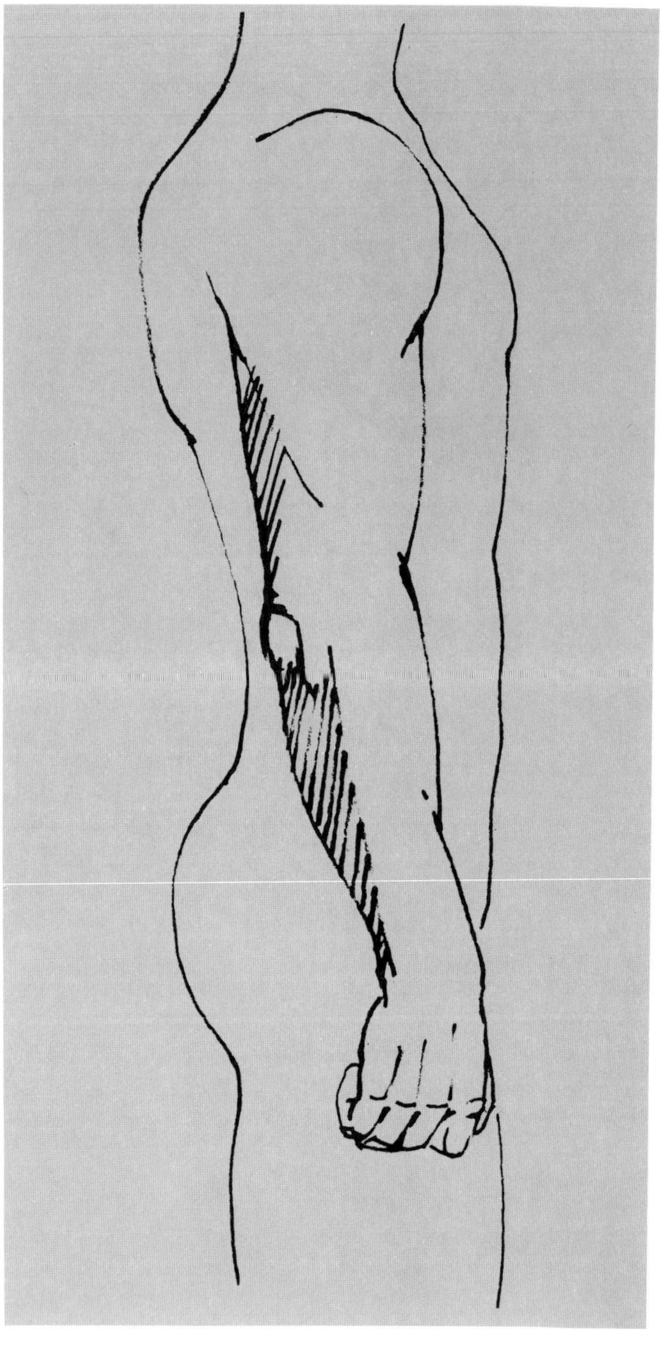

Nur diejenigen Körperpartien des Aktes, die sich geometrisch "senkrecht", das heißt im rechten Winkel zu unserer Blickrichtung befinden, erscheinen in ihren wahren Längen. Alle anderen Blickrichtungen sind Abweichungen davon und ergeben perspektivisch verkürzte Längen.

Die Teile, die unserem Auge am nächsten sind, erscheinen vergrößert.

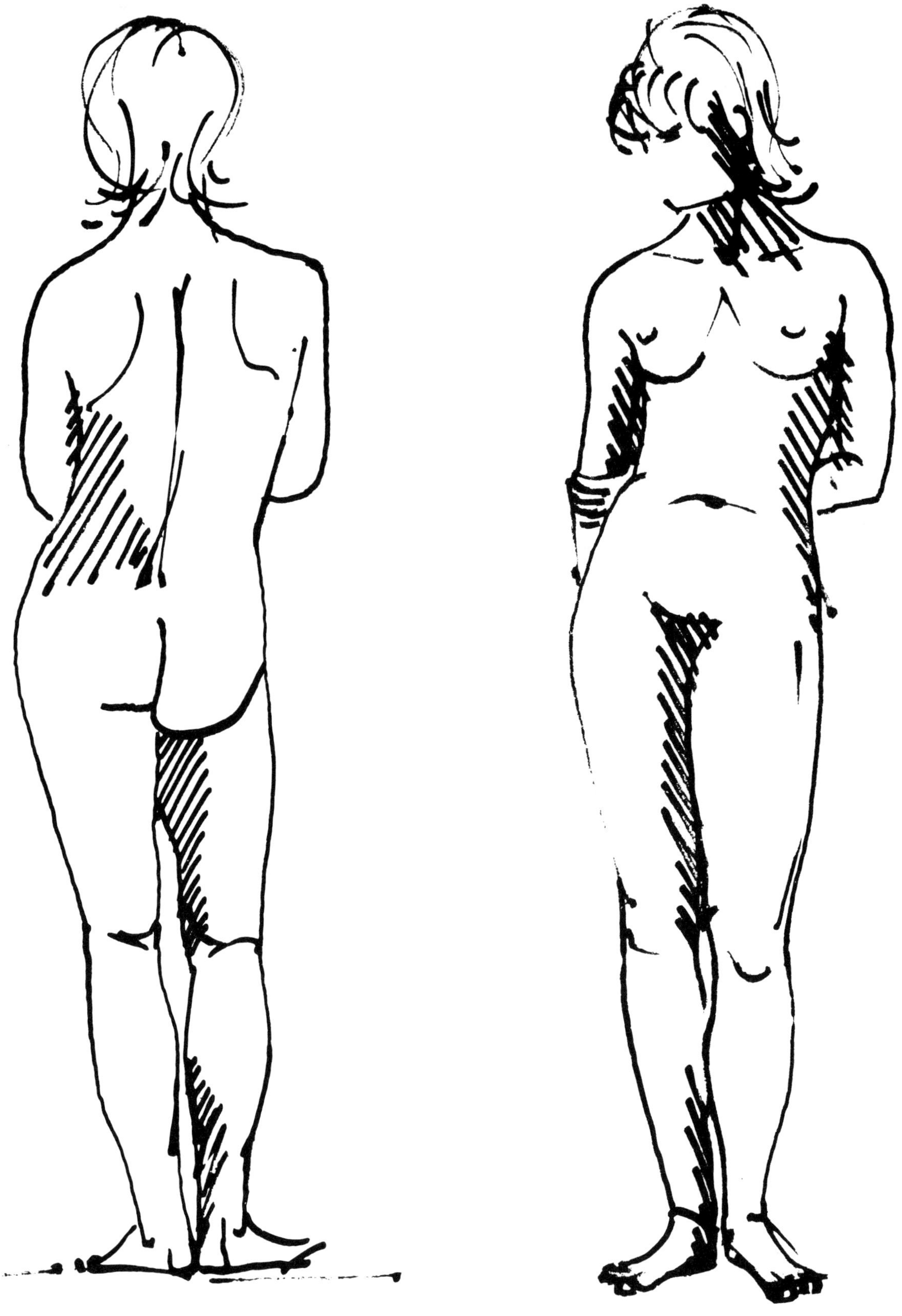

Verkürzungen

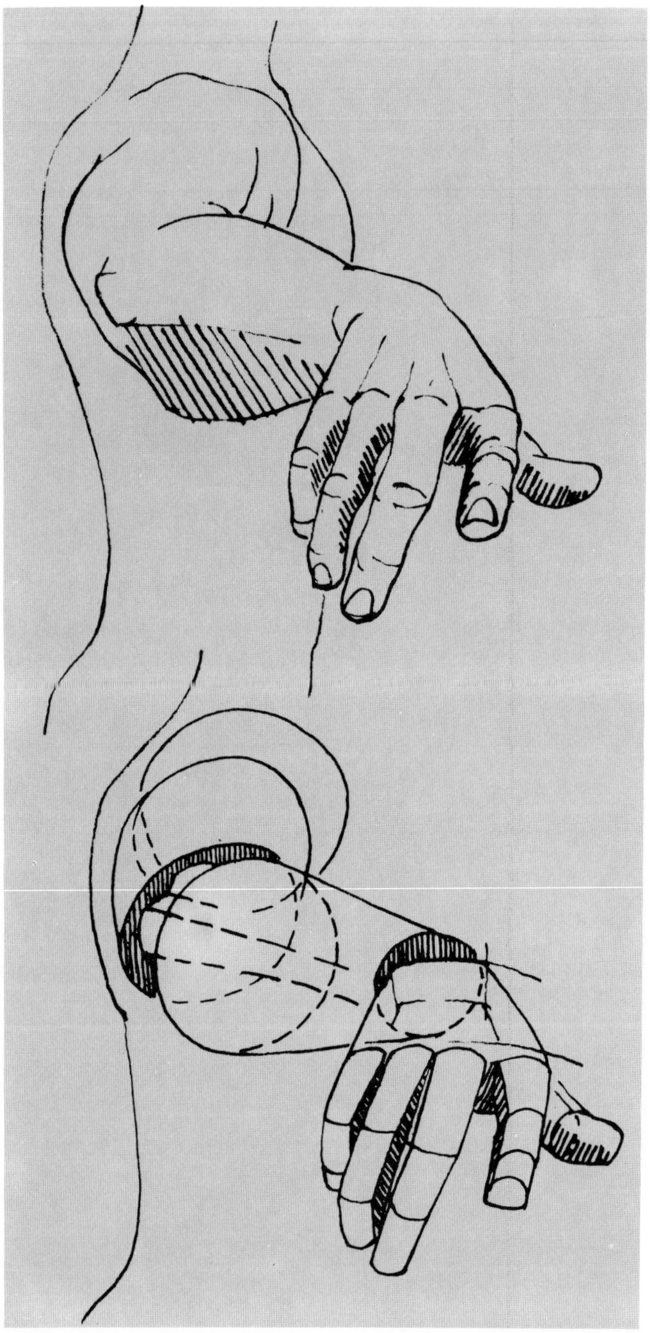

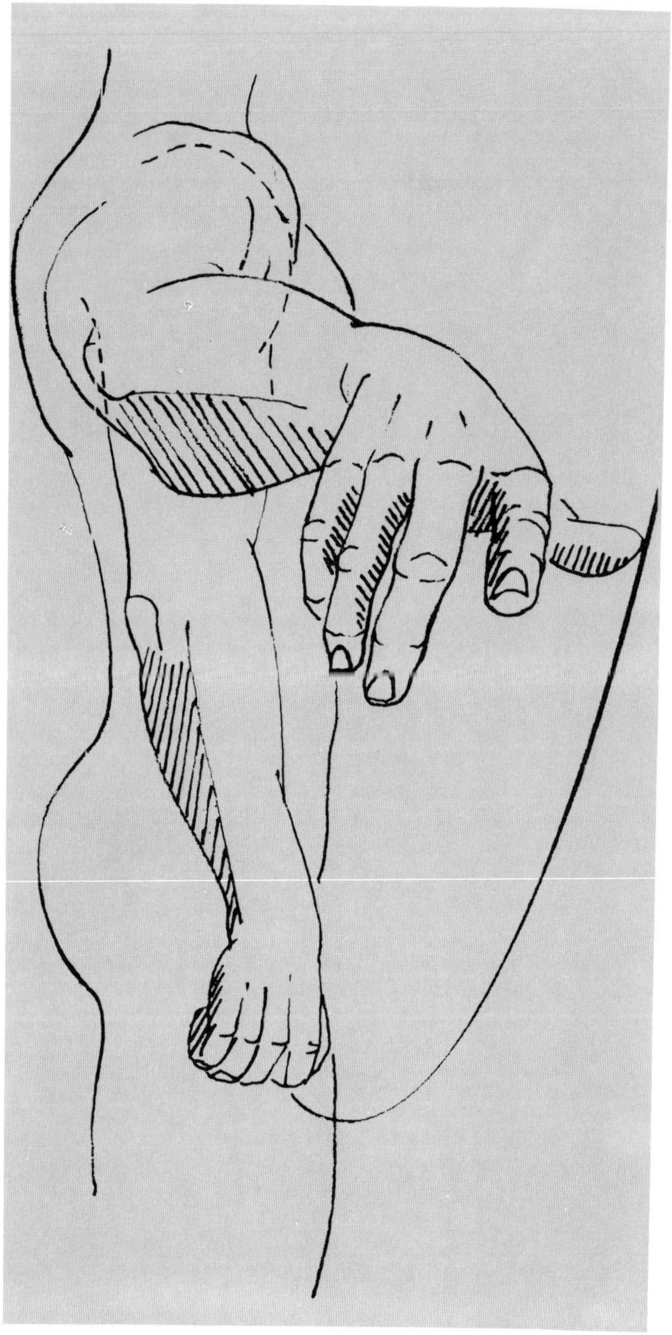

Am Beispiel des uns entgegengestreckten Armes sehen wir, wie stark die Armlänge optisch zusammenschrumpft.

Wir müssen die Hand deutlich vergrößert zeichnen; nur dann akzeptiert unser Auge eine Armlänge von ca. 70 Zentimetern, selbst wenn von der Fingerspitze bis zur Schulter auf dem Papier nur wenige Zentimeter ablesbar sind.

Falls eine extreme Verkürzung die richtigen Formen nicht gleich erkennen läßt, helfen wir uns mit kubischen Körpern: Kugeln, Kegelstümpfen, Zylindern, Quadern. Als durchsichtige Bausteine können wir sie gut korrigieren und dann leicht aneinanderfügen.

Studentenarbeiten

Körperhaltung

Liegender Akt. Drehungen, Teilverkürzungen

Beim liegenden Akt bleiben sogar Körperdrehungen natürlich; oder auch Blickrichtungen mit extremen Verkürzungen. Die Körper wirken entspannt ruhend.

Viele traditionelle Akt-Posen als "Momentaufnahmen" erscheinen uns heute deswegen lächerlich antiquiert, weil kurze Bewegungsabläufe in einer langwierigen Zeichnung

Liegender Akt. Drehungen, Teilverkürzungen

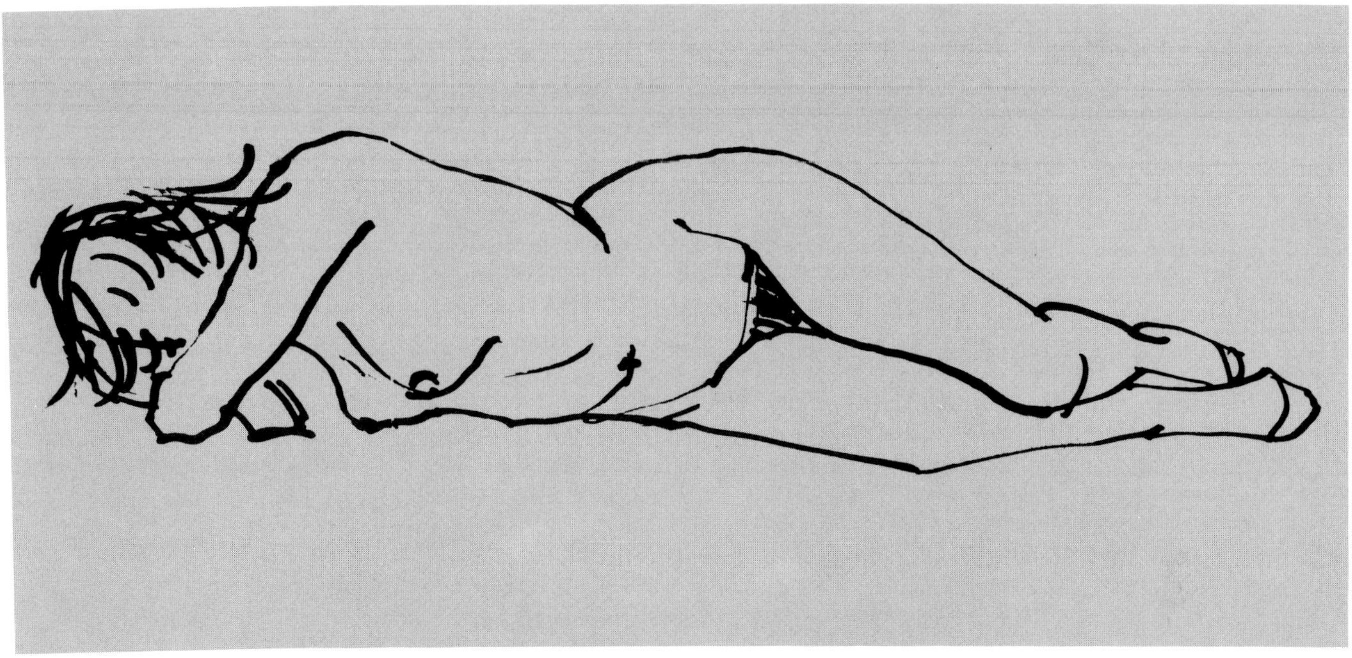

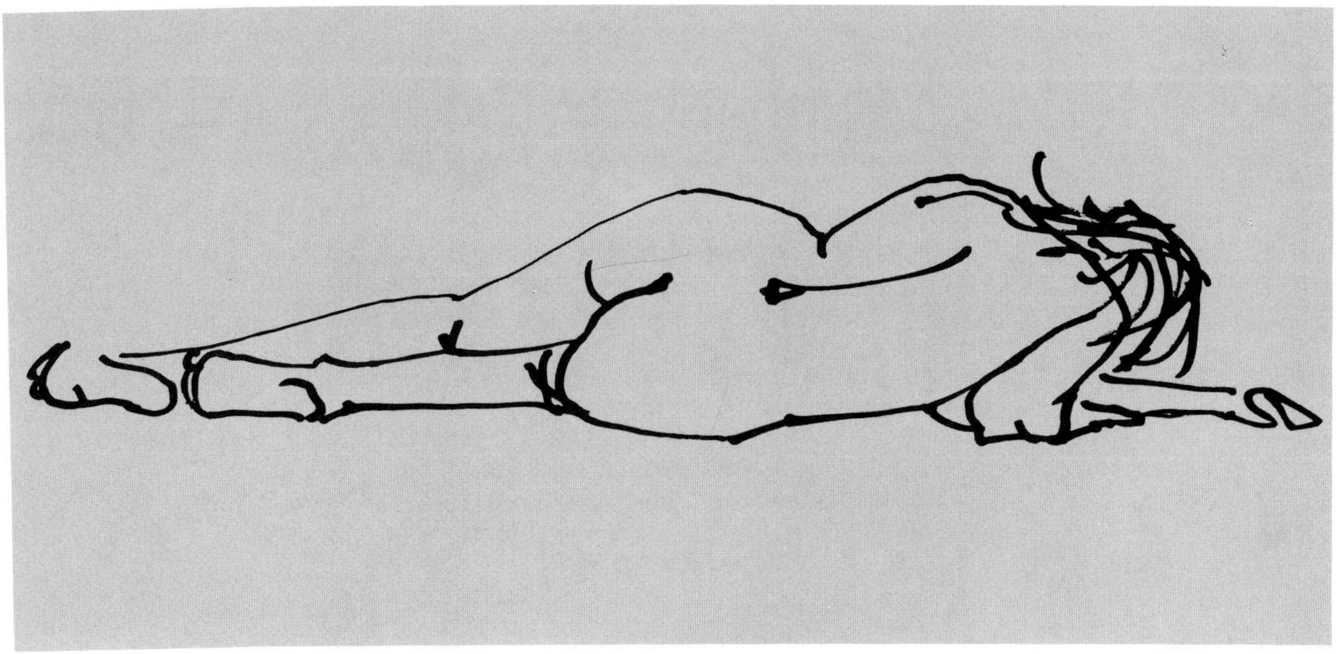

eingefroren werden. Rossebändiger, Amphorenträgerinnen, Glockenzieher, Feldherren und Tänzerinnen erstarren in ihren Bewegungen.

Körperhaltung

Liegender Akt. Extreme Verkürzungen

Starke perspektivische Verkürzungen erschweren dem Zeichner, die Zusammenhänge zwischen der Gesamtform des Körpers und seiner Haltung abzulesen. Auch verdecken die näherliegenden Körperteile teilweise die dahinterliegenden. Als Zeichenhilfe kann man sich die Gesamtfigur aus transparenten Formen aufschlüsseln und schließlich nur

Liegender Akt. Extreme Verkürzungen

diejenigen Konturen übriglassen, die dem Betrachter sichtbar sind. Auf diese Weise lassen sich zeichnerisch die liegenden Formen sicher auf eine ebene und horizontale Unterlage bringen.

Sequenzen

Figur, hockend

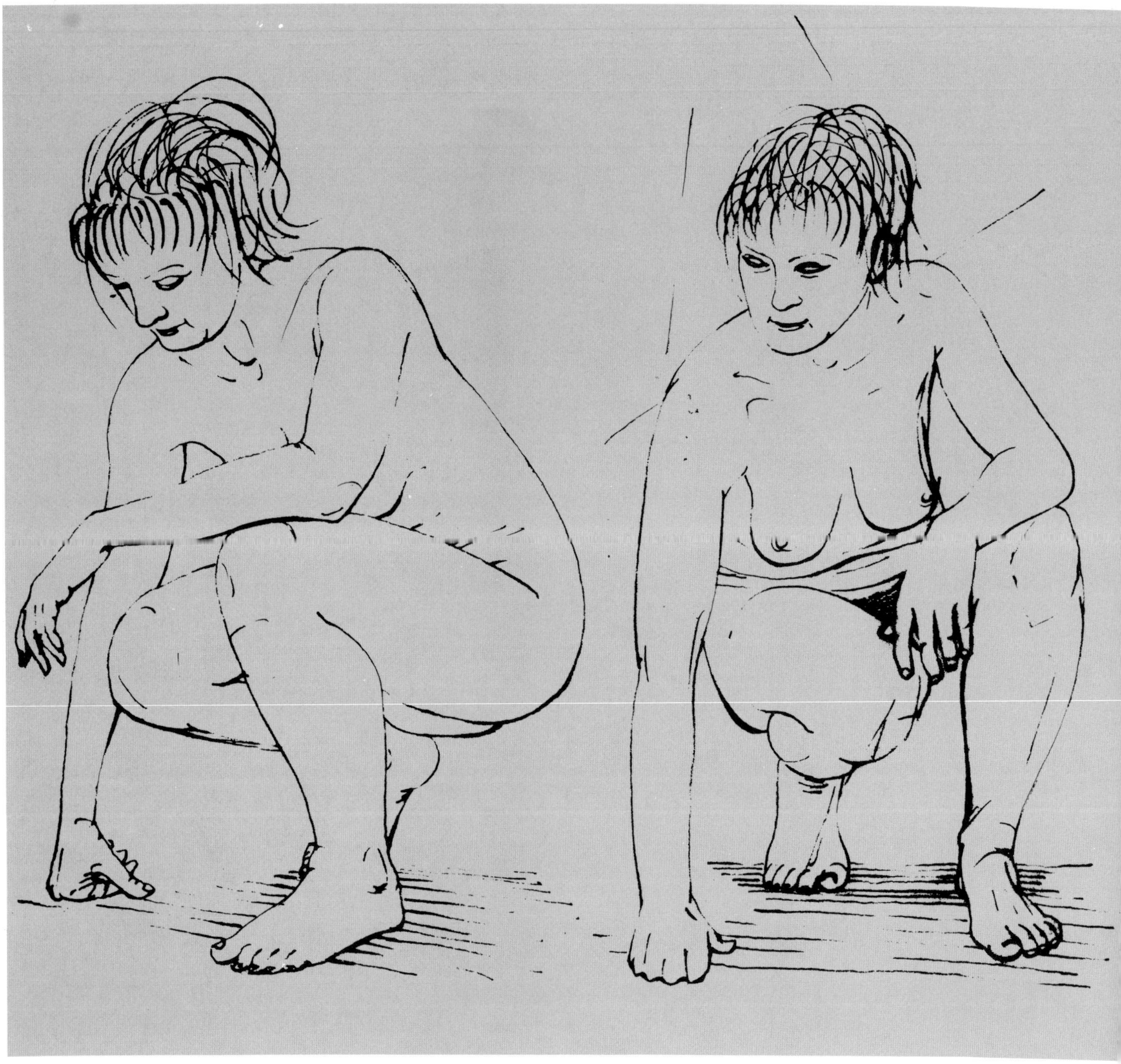

Wir sollten beim Aktzeichnen oft die Stellung des Modells ändern oder selbst laufend die Blickrichtung auf das Modell wechseln. Solch' rasche Skizzen schulen den Blick für das Wesentliche der Figur und lassen das Zusammenspiel der Körperteile in verschiedenen Positionen erkennen.

Blickrichtungswechsel

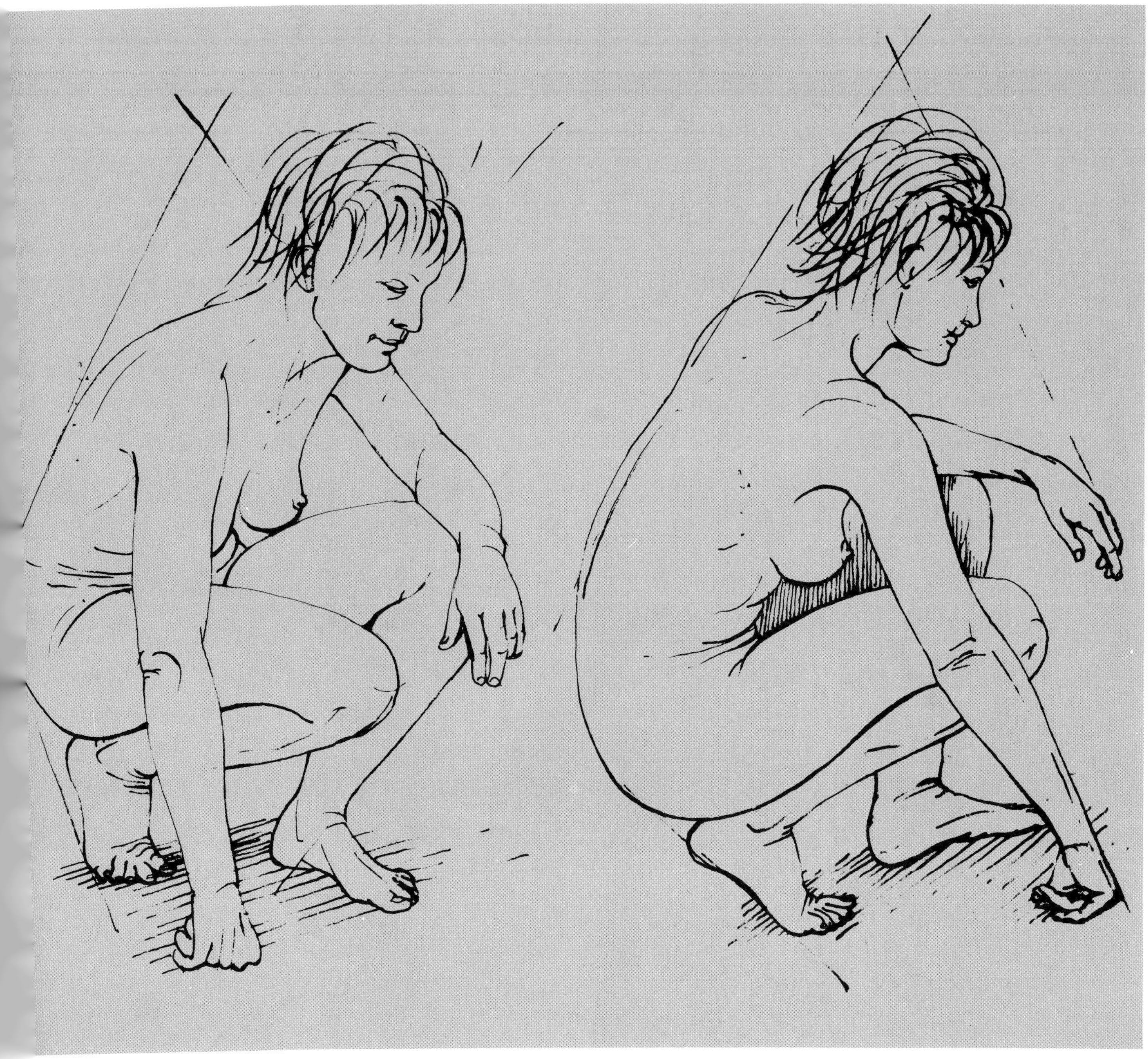

In mehreren, aufeinander folgenden Skizzen können wir an die vorangegangenen Dimensionen und Proportionen anschließen und sie in unserem visuellen Gedächtnis speichern. Die unterschiedlichen Blickrichtungen veranschaulichen perspektivische Formänderungen und zeigen den wechselnden Formverlauf aller Seiten des Körpers in immer neuen Verbindungen, Verkürzungen und Überschneidungen.

Sequenzen

Figur, sitzend

Sequenzen

Figur, sitzend

Blickrichtungswechsel

Sequenzen

Figur, liegend

Sequenzen

Figur, liegend

Blickrichtungswechsel

Figur, sich aufstützend

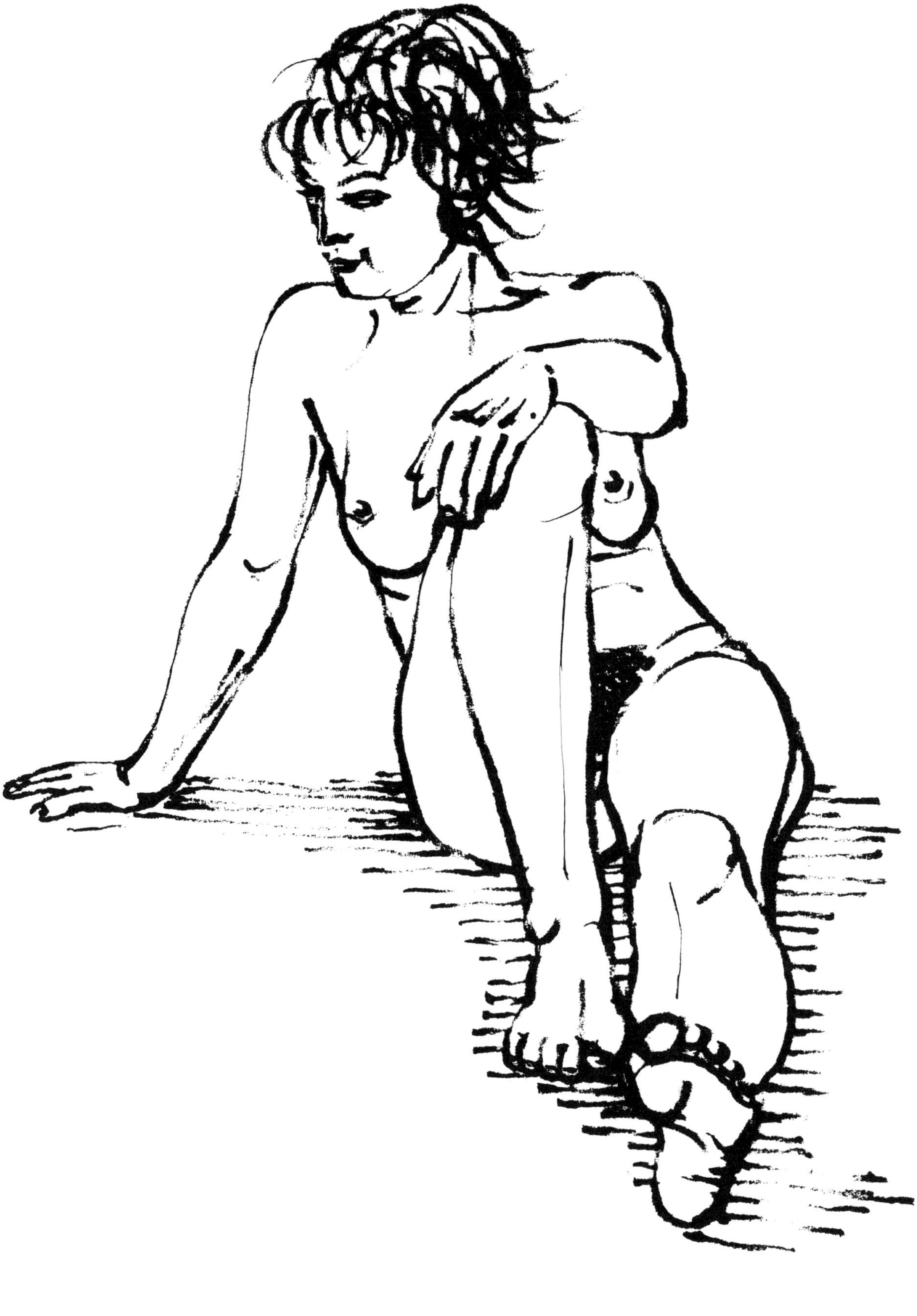

Lasten und Streckung

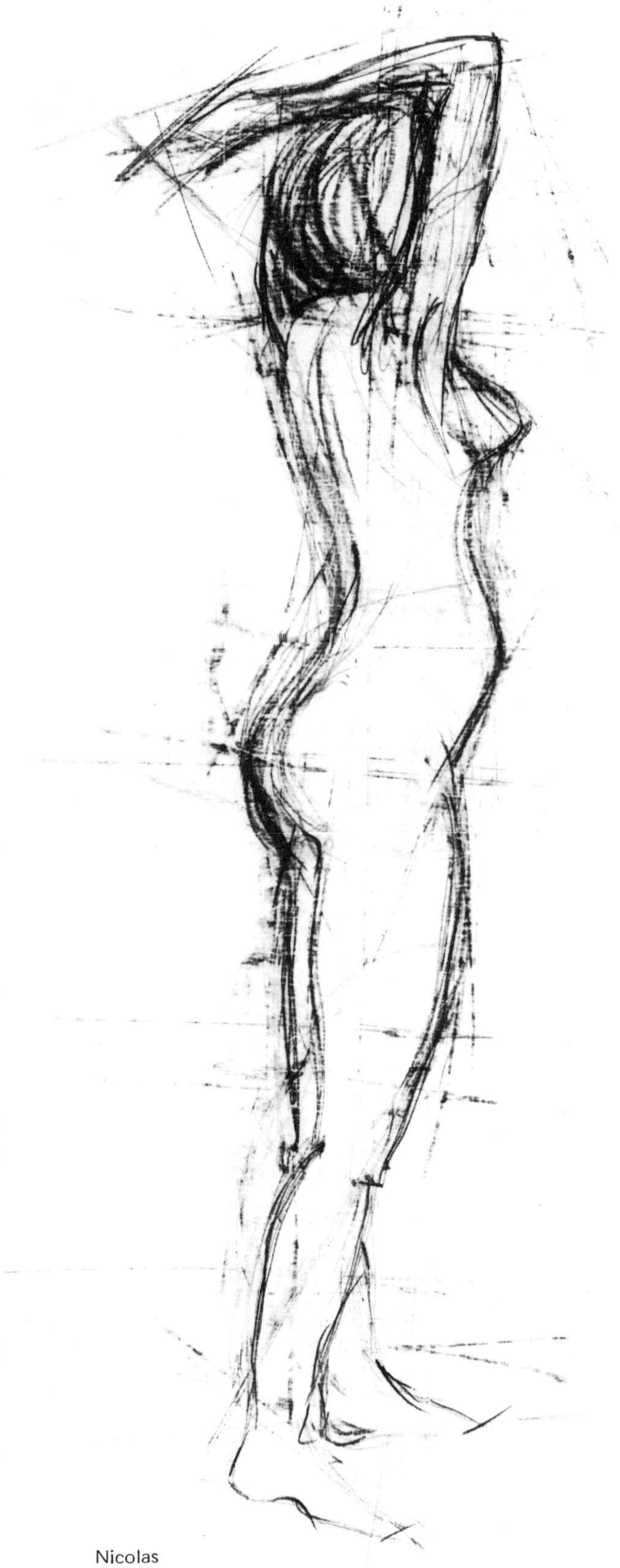

Nicolas

Zangenberg

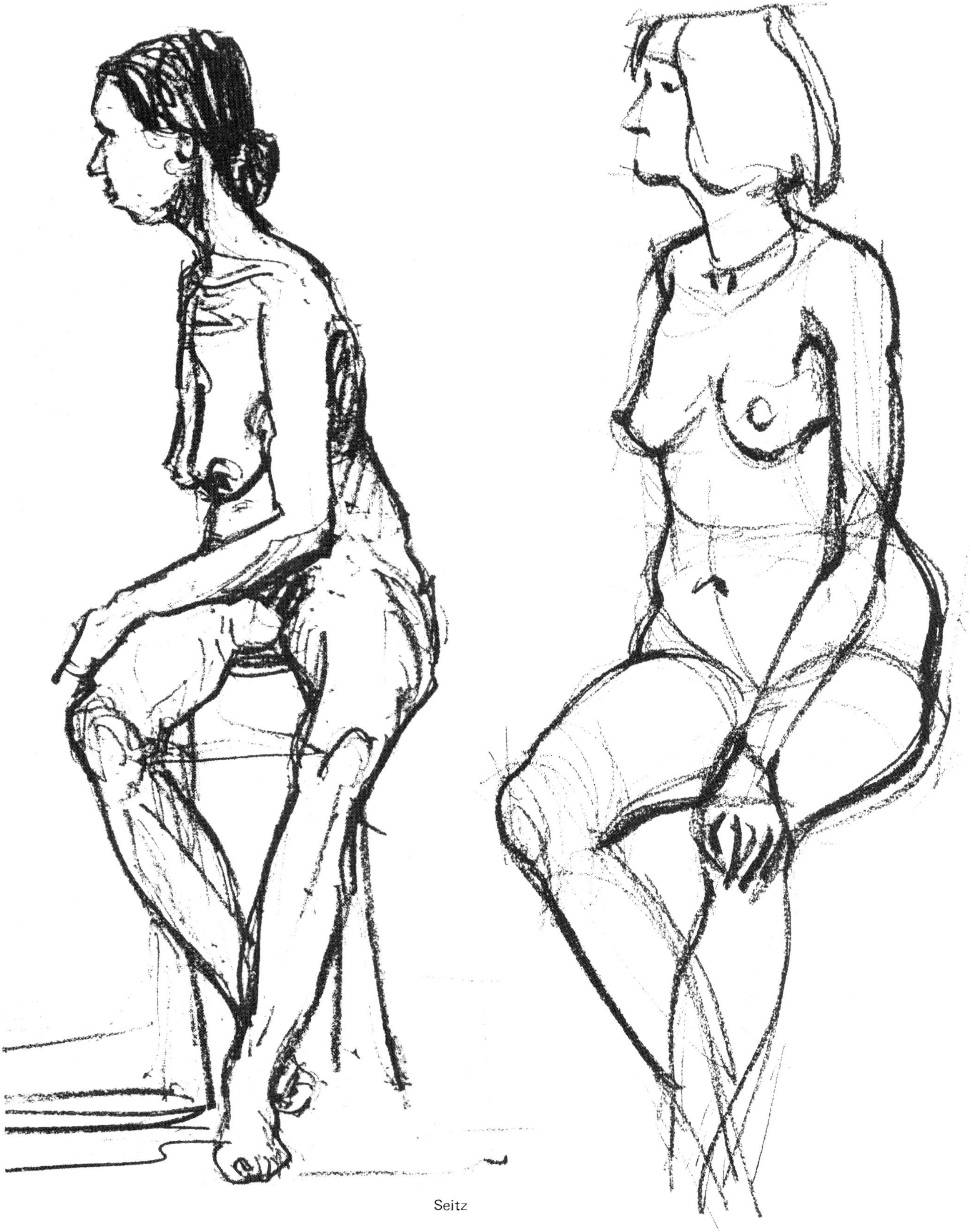

Seitz

Haltungsstudien

Sitzende

Studentenarbeit

Liegende

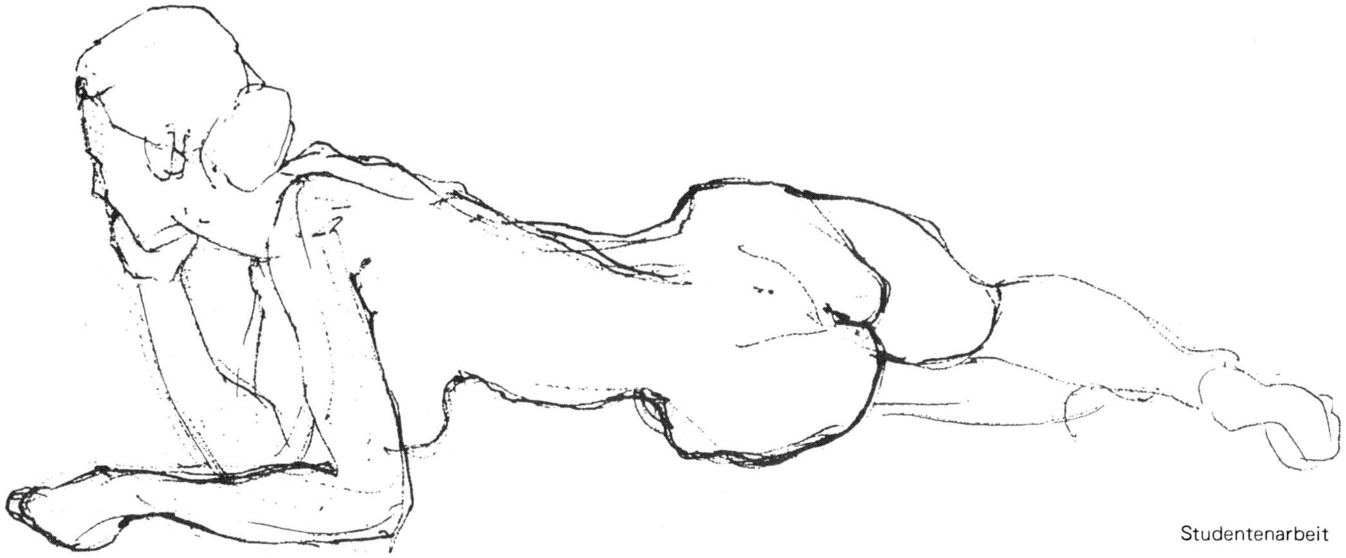

Studentenarbeit

Einzelstudien mit verschiedenen Zeichengeräten

Kohle

Studentenarbeit

Die folgenden Einzelstudien stellen eine Auswahl von Zeichenstilen und Zeichengeräten vor. Den verschiedenen Temperamenten der Aktzeichner entspricht die Wahl der Zeichengeräte. Das Zeichengerät bestimmt nicht die Qualität der Zeichnung, wohl aber deren Charakter.

Versuchen wir, den Zeichnern „auf die Schliche zu kommen", indem wir den Charakter des Materials analysieren, die verschiedenen Posen nachzeichnen und die erworbenen Konstruktionshilfen (S. 56 ff.) anwenden.

Da weißes, teures Zeichenpapier den Zeichner vor den ersten Schritten hemmt, frei loszulegen, sollte man zunächst auf billigem Papier von der Rolle oder auf Packpapier zeichnen, worauf man eher wagt, großformatig zu arbeiten und gern bereit ist, verschwenderisch damit umzugehen.

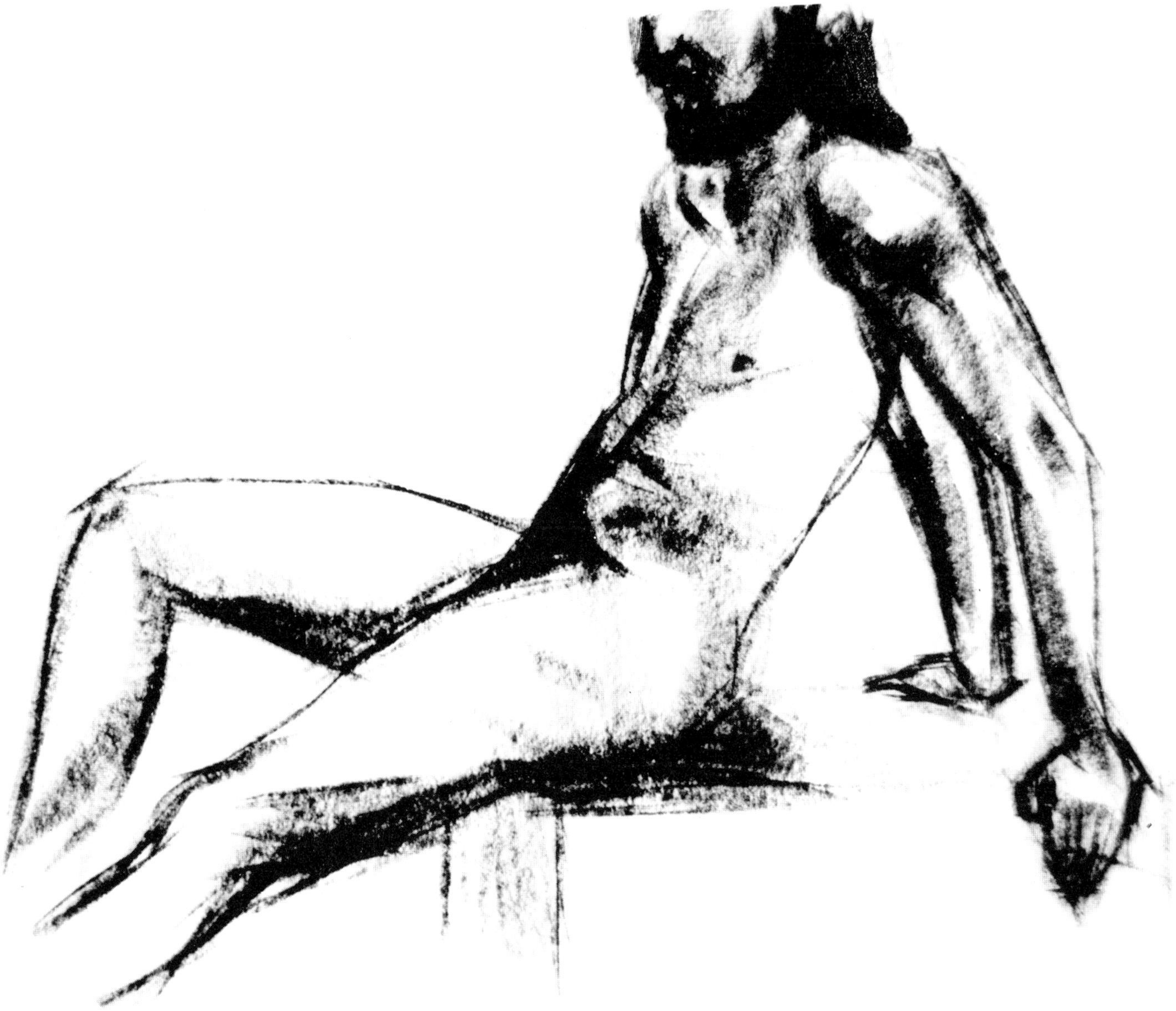

Valena

Einzelstudien mit verschiedenen Zeichengeräten

Kohle

Studentenarbeit

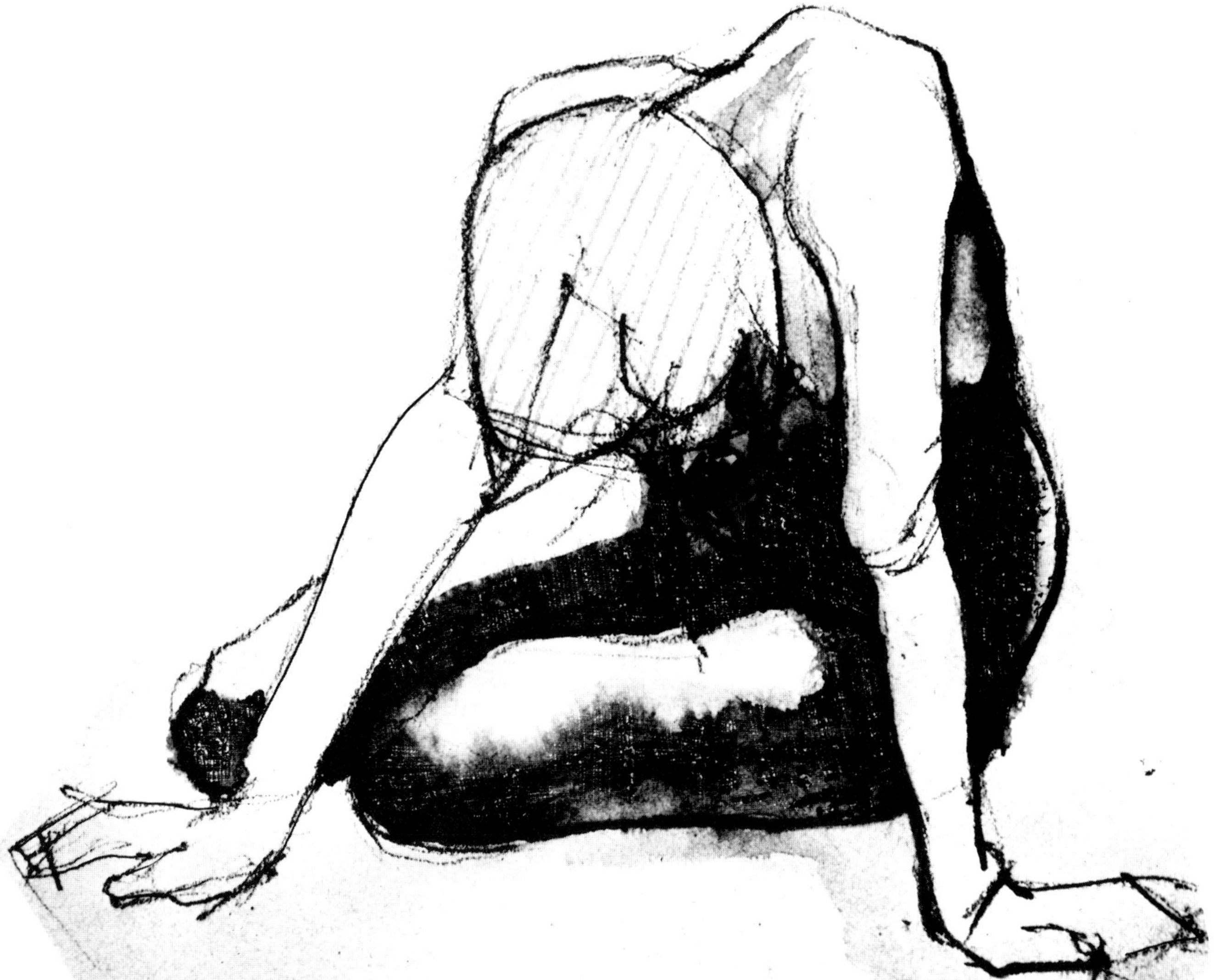

Vogel

Einzelstudien mit verschiedenen Zeichengeräten

Rötelstift

Vogel

Zum Aktzeichnen eignet sich prinzipiell jedes Zeichengerät. Für den Anfänger empfiehlt sich ein Bleistift mit weicher Mine, mindestens 2B, Kohle und Pittkreide. Später sollte man experimentieren, um das den persönlichen Fähigkeiten und Zeichenstil entgegenkommende Zeichenutensil herauszufinden.

Das können Bleistifte, Zeichenkohle, Faserschreiber, Kugelschreiber, Füllfederhalter, Pinsel, Tusche und Federn sein. Dazu kommen noch Graphit, Schwarzkreiden, Braunkreiden, Weißkreiden, Graukreiden, Silberstift, Farbstifte, Pastellkreiden, Wachsmalstifte, Ölpastellkreiden und Pastellstifte. Aus Asien kennen wir die Rohrfeder und den Tuschpinsel.

Zeichnungen, die mit leichten, leicht verwischbaren Zeichengeräten gefertigt wurden, sollten mit einem Fixativ geschützt werden. Dafür eignen sich sowohl Fixativsprays, Klarlack, handelsübliches Fixativ, das mit Hilfe einer Fixativspritze aufgetragen wird, ja sogar einfaches Haarspray.

Pittkreide

Vogel

„Man nehme . . . keinen Radiergummi!" (Theodor Heuss)

Zeichnen und Radieren sind gegensätzliche Vorgänge, wobei das Radieren den harmonischen Zeichenfluß unterbricht. Statt viel zu radieren und auszubessern ist es sinnvoller, mehrere Skizzen vom gleichen Thema hintereinander anzufertigen, jeweils mit kritischer Zwischenbeurteilung und schrittweiser Verminderung der Fehler. Dazu empfiehlt es sich auch, vom Papier zurückzutreten und die Zeichnung aus größerem Abstand mit dem Zeichenobjekt zu vergleichen.

Sollten sich dennoch Fehler einschleichen, ist es durchaus legitim, einen richtigen Strich neben einen falschen zu setzen, denn das Auge wählt automatisch die richtige Form aus und stört sich kaum an unbedeutenden Fehlversuchen. Auch bei vielen – der hier wiedergegebenen Studien ist zu beobachten, daß einzelne mißglückte Striche durchaus nicht den positiven Gesamteindruck stören.

Zu Beginn der Zeichnung kann man das Problem mit dünnen Hilfspunkten, Achsen und Hilfslinien einkreisen, bevor man mit kräftigen Strichen die endgültige Form festschreibt. Auch diese tastenden Arbeitsspuren dürfen ruhig auf der Zeichnung sichtbar bleiben, da sie ja notwendige Schritte auf dem Weg zum Erfolg waren.

Zeichengerät

Pinsel, laviert

Studentenarbeit

Pinsel, laviert

Unter Lavieren versteht man das planmäßige Verwischen einer Tusche bzw. Kohlezeichnung mit Hilfe eines in Wasser getauchten Pinsels. Mit Aquarellfarbenzusätzen kann eine lavierte Zeichnung farblich angelegt werden.

Studentenarbeit

Zeichengerät

Pinsel, Tusche verdünnt

Studentenarbeit

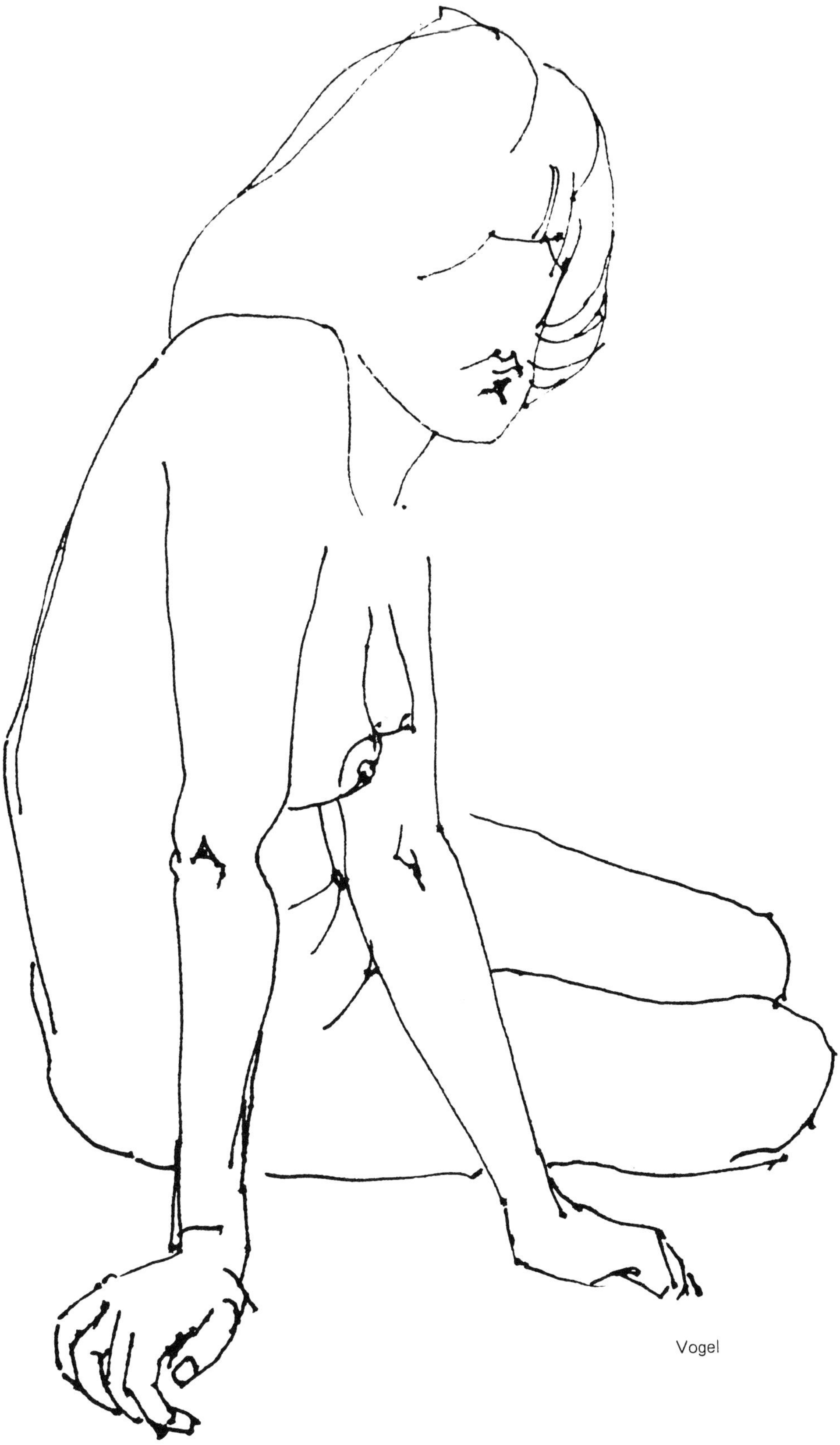

Vogel

Zeichengerät

Faserschreiber

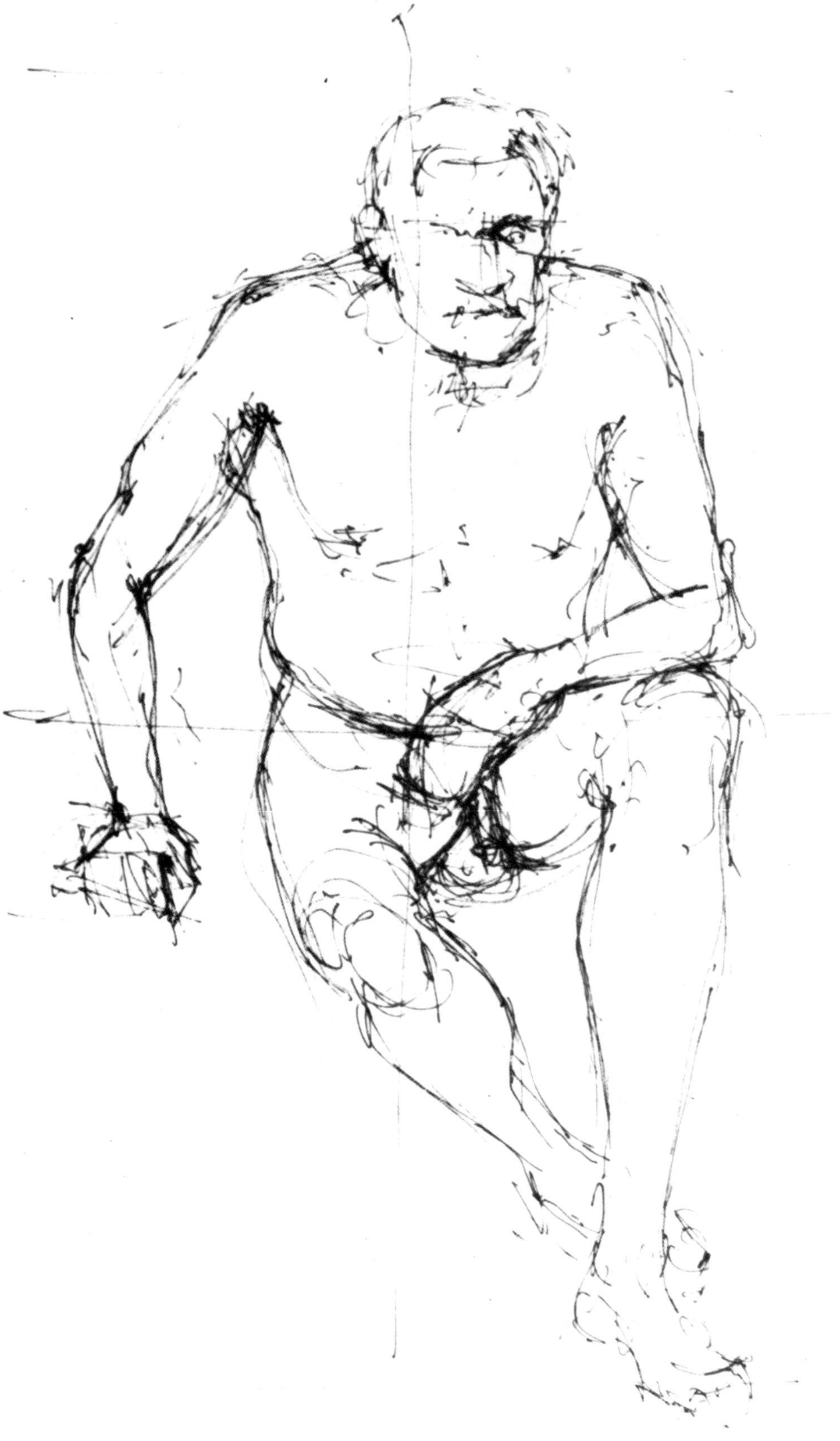

Niedré

Bleistift, aquarelliert

Pittner

Filzschreiber

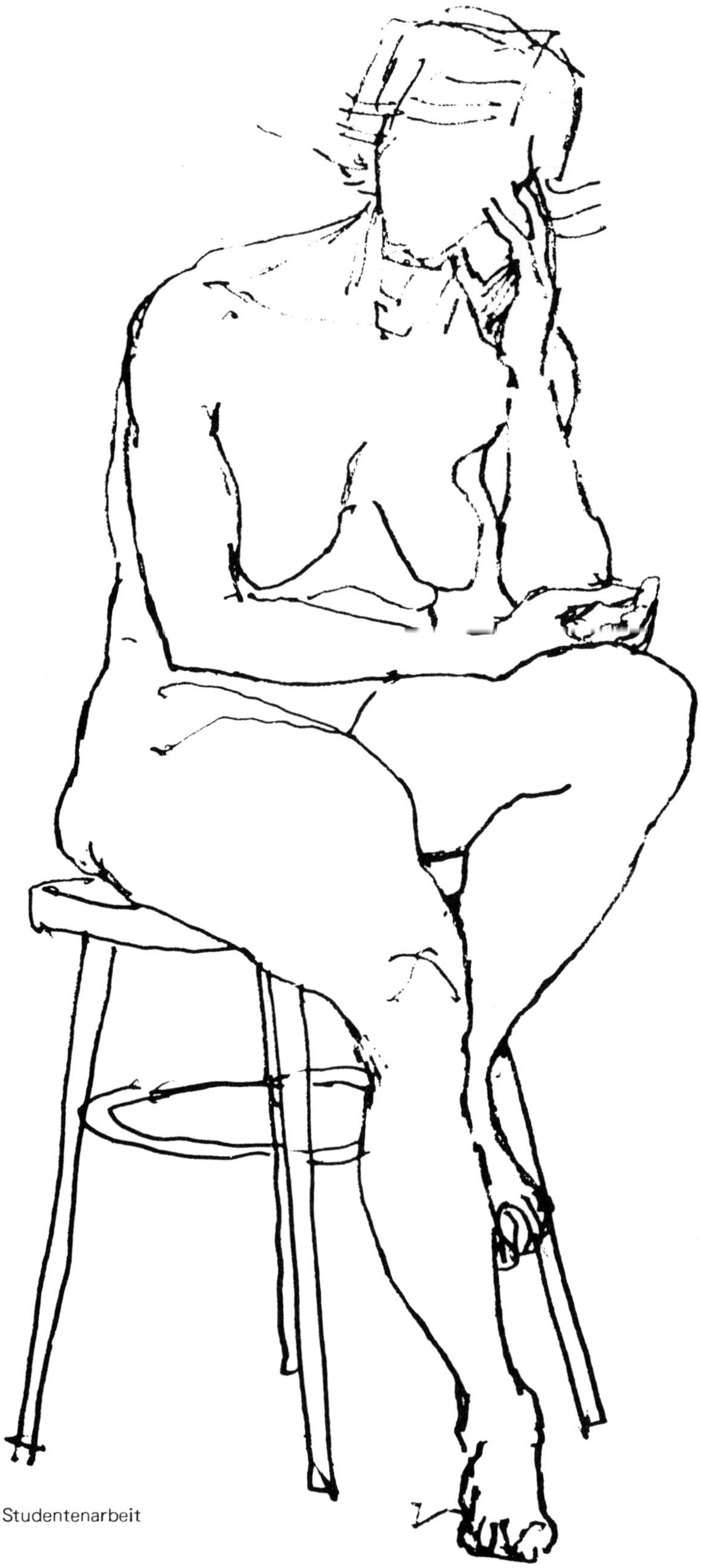

Studentenarbeit

Studentenarbeit

Kreide

Vogel